CHEFS-D'OEUVRE

DRAMATIQUES

DE VOLTAIRE.

DE L'IMPRIMERIE DE RIGNOUX.

CHEFS-D'OEUVRE

DRAMATIQUES

DE VOLTAIRE.

TOME QUATRIÈME.

A PARIS,

CHEZ SAINTIN, LIBRAIRE DE LA COUR,

RUE DU FOIN SAINT-JACQUES, N° 11.

M DCCC XXII.

L'ORPHELIN
DE LA CHINE,
TRAGÉDIE.

PERSONNAGES.

GENGIS-KAN, empereur tartare.
OCTAR, } guerriers tartares.
OSMAN, }
ZAMTI, mandarin lettré.
IDAMÉ, femme de Zamti.
ASSÉLI, attachée à Idamé
ÉTAN, attaché à Zamti.

(*La scène est dans un palais des mandarins, qui tient au palais impérial, dans la ville de Cambalu, aujourd'hui Pékin.*)

L'ORPHELIN
DE LA CHINE,
TRAGÉDIE.

ACTE PREMIER.

SCÈNE PREMIÈRE.
IDAMÉ, ASSÉLI.

IDAMÉ.

Se peut-il qu'en ce temps de désolation,
En ce jour de carnage et de destruction,
Quand ce palais sanglant, ouvert à des Tartares,
Tombe avec l'univers sous ces peuples barbares,
Dans cet amas affreux de publiques horreurs,
Il soit encor pour moi de nouvelles douleurs ?

ASSÉLI.

Eh ! qui n'éprouve, hélas ! dans la perte commune,
Les tristes sentimens de sa propre infortune ?
Qui de nous vers le Ciel n'élève pas ses cris
Pour les jours d'un époux, ou d'un père, ou d'un fils ?
Dans cette vaste enceinte, au Tartare inconnue,
Où le roi dérobait à la publique vue
Ce peuple désarmé de paisibles mortels,

Interprètes des lois, ministres des autels,
Vieillards, femmes, enfans, troupeau faible et timide,
Dont n'a point approché cette guerre homicide,
Nous ignorons encore à quelle atrocité
Le vainqueur insolent porte sa cruauté.
Nous entendons gronder la foudre et les tempêtes.
Le dernier coup approche et vient frapper nos têtes

IDAMÉ.

O fortune! ô pouvoir au-dessus de l'humain !
Chère et triste Asséli, sais-tu quelle est la main
Qui du Catai sanglant presse le vaste empire ?
Et qui s'appesantit sur tout ce qui respire?

ASSÉLI.

On nomme ce tyran du nom de roi des rois.
C'est ce fier Gengis-Kan, dont les affreux exploits
Font un vaste tombeau de la superbe Asie.
Octar, son lieutenant, déjà, dans sa furie,
Porte au palais, dit-on, le fer et les flambeaux.
Le Catai passe enfin sous des maîtres nouveaux.
Cette ville, autrefois souveraine du monde,
Nage de tous côtés dans le sang qui l'inonde.
Voilà ce que cent voix, en sanglots superflus,
Ont appris dans ces lieux à mes sens éperdus.

IDAMÉ.

Sais-tu que ce tyran de la terre interdite,
Sous qui de cet état la fin se précipite,
Ce destructeur des rois, de leur sang abreuvé,
Est un Scythe, un soldat dans la poudre élevé,
Un guerrier vagabond de ces déserts sauvages,

Climat qu'un ciel épais ne couvre que d'orages?
C'est lui qui, sur les siens briguant l'autorité,
Tantôt fort et puissant, tantôt persécuté,
Vint jadis à tes yeux, dans cette auguste ville,
Aux portes du palais demander un asile.
Son nom est Témugin; c'est t'en apprendre assez.

ASSÉLI.

Quoi! c'est lui dont les vœux vous furent adressés!
Quoi! c'est ce fugitif, dont l'amour et l'hommage
A vos parens surpris parurent un outrage!
Lui qui traîne après lui tant de rois ses suivans,
Dont le nom seul impose au reste des vivans!

IDAMÉ.

C'est lui-même, Asséli: son superbe courage,
Sa future grandeur brillaient sur son visage:
Tout semblait, je l'avoue, esclave auprès de lui;
Et lorsque de la cour il mendiait l'appui,
Inconnu, fugitif, il ne parlait qu'en maître.
Il m'aimait; et mon cœur s'en applaudit peut-être:
Peut-être qu'en secret je tirais vanité
D'adoucir ce lion dans mes fers arrêté,
De plier à nos mœurs cette grandeur sauvage,
D'instruire à nos vertus son féroce courage,
Et de le rendre enfin, grâces à ces liens,
Digne un jour d'être admis parmi nos citoyens.
Il eût servi l'état, qu'il détruit par la guerre:
Un refus a produit les malheurs de la terre.
De nos peuples jaloux tu connais la fierté.
De nos arts, de nos lois l'auguste antiquité,

Une religion de tout temps épurée,
De cent siècles de gloire une suite avérée,
Tout nous interdisait, dans nos préventions,
Une indigne alliance avec les nations.
Enfin un autre hymen, un plus saint nœud m'engage:
Le vertueux Zamti mérita mon suffrage.
Qui l'eût cru, dans ces temps de paix et de bonheur,
Qu'un Scythe méprisé serait notre vainqueur?
Voilà ce qui m'alarme, et qui me désespère.
J'ai refusé sa main ; je suis épouse et mère :
Il ne pardonne pas : il se vit outrager;
Et l'univers sait trop s'il aime à se venger.
Étrange destinée, et revers incroyable!
Est-il possible, ô Dieu, que ce peuple innombrable
Sous le glaive du Scythe expire sans combats,
Comme de vils troupeaux que l'on mène au trépas?

ASSÉLI.

Les Coréens, dit-on, rassemblaient une armée;
Mais nous ne savons rien que par la renommée,
Et tout nous abandonne aux mains des destructeurs.

IDAMÉ.

Que cette incertitude augmente mes douleurs!
J'ignore à quel excès parviennent nos misères,
Si l'empereur encore au palais de ses pères
A trouvé quelque asile, ou quelque défenseur,
Si la reine est tombée aux mains de l'oppresseur,
Si l'un et l'autre touche à son heure fatale.
Hélas! ce dernier fruit de leur foi conjugale,
Ce malheureux enfant, à nos soins confié,

Excite encor ma crainte, ainsi que ma pitié.
Mon époux aux palais porte un pied téméraire;
Un ombre de respect pour son saint ministère
Peut-être adoucira ces vainqueurs forcenés.
On dit que ces brigands aux meurtres acharnés,
Qui remplissent de sang la terre intimidée,
Ont d'un dieu cependant conservé quelque idée;
Tant la nature même, en toute nation,
Grava l'Être suprême et la religion!
Mais je me flatte en vain qu'aucun respect les touche;
La crainte est dans mon cœur et l'espoir dans ma bouche.
Je me meurs....

SCÈNE II.

IDAMÉ, ZAMTI, ASSÉLI.

IDAMÉ.

Est-ce vous, époux infortuné?
Notre sort sans retour est-il déterminé?
Hélas! qu'avez-vous vu?

ZAMTI.

Ce que je tremble à dire.
Le malheur est au comble; il n'est plus, cet empire:
Sous le glaive étranger j'ai vu tout abattu.
De quoi nous a servi d'adorer la vertu?
Nous étions vainement, dans une paix profonde,
Et les législateurs et l'exemple du monde;
Vainement par nos lois l'univers fut instruit;
La sagesse n'est rien : la force a tout détruit.

J'ai vu de ces brigands la horde hyperborée,
Par des fleuves de sang se frayant une entrée
Sur les corps entassés de nos frères mourans,
Portant partout le glaive et les feux dévorans.
Ils pénètrent en foule à la demeure auguste
Où de tous les humains le plus grand, le plus juste,
D'un front majestueux attendait le trépas.
La reine évanouie était entre ses bras.
De leurs nombreux enfans ceux en qui le courage
Commençait vainement à croître avec leur âge,
Et qui pouvaient mourir les armes à la main,
Étaient déjà tombés sous le fer inhumain.
Il restait près de lui ceux dont la tendre enfance
N'avait que la faiblesse et des pleurs pour défense;
On les voyait encore autour de lui pressés,
Tremblans à ses genoux qu'ils tenaient embrassés.
J'entre par des détours inconnus au vulgaire;
J'approche en frémissant de ce malheureux père;
Je vois ces vils humains, ces monstres des déserts,
A notre auguste maître osant donner des fers,
Traîner dans son palais, d'une main sanguinaire,
Le père, les enfans, et leur mourante mère.

IDAMÉ.

C'est donc là leur destin! Quel changement, ô cieux!

ZAMTI.

Ce prince infortuné tourne vers moi les yeux;
Il m'appelle, il me dit, dans la langue sacrée,
Du conquérant tartare et du peuple ignorée :
« Conserve au moins le jour au dernier de mes fils. »

Jugez si mes sermens et mon cœur l'ont promis ;
Jugez de mon devoir quelle est la voix pressante.
J'ai senti ranimer ma force languissante ;
J'ai revolé vers vous. Les ravisseurs sanglans
Ont laissé le passage à mes pas chancelans ;
Soit que dans les fureurs de leur horrible joie,
Au pillage acharnés, occupés de leur proie,
Leur superbe mépris ait détourné les yeux,
Soit que cet ornement d'un ministre des cieux,
Ce symbole sacré du grand dieu que j'adore,
A la férocité puisse imposer encore ;
Soit qu'enfin ce grand Dieu, dans ses profonds desseins,
Pour sauver cet enfant qu'il a mis dans mes mains,
Sur leurs yeux vigilans répandant un nuage,
Ait égaré leur vue, ou suspendu leur rage.

IDAMÉ.

Seigneur, il serait temps encor de le sauver ;
Qu'il parte avec mon fils ; je les puis enlever.
Ne désespérons point, et préparons leur fuite ;
De notre prompt départ qu'Étan ait la conduite.
Allons vers la Corée, au rivage des mers,
Aux lieux où l'Océan ceint ce triste univers.
La terre a des déserts et des antres sauvages ;
Portons-y ces enfans, tandis que les ravages
N'inondent point encor ces asiles sacrés,
Éloignés du vainqueur, et peut-être ignorés.
Allons ; le temps est cher, et la plainte inutile.

ZAMTI.

Hélas ! le fils des rois n'a pas même un asile !

J'attends les Coréens; ils viendront, mais trop tard:
Cependant la mort vole au pied de ce rempart.
Saisissons, s'il se peut, le moment favorable
De mettre en sûreté ce gage inviolable.

SCÈNE III.

ZAMTI, IDAMÉ, ASSÉLI, ÉTAN.

ZAMTI.
Étan, où courez-vous, interdit, consterné?
IDAMÉ.
Fuyons de ce séjour au Scythe abandonné.
ÉTAN.
Vous êtes observés; la fuite est impossible:
Autour de notre enceinte une garde terrible
Aux peuples consternés offre de toutes parts
Un rempart hérissé de piques et de dards.
Les vainqueurs ont parlé; l'esclavage en silence
Obéit à leur voix dans cette ville immense;
Chacun reste immobile et de crainte et d'horreur
Depuis que sous le glaive est tombé l'empereur.
ZAMTI.
Il n'est donc plus!
IDAMÉ.
O cieux!
ÉTAN.
De ce nouveau carnage
Qui pourra retracer l'épouvantable image?
Son épouse, ses fils sanglans et déchirés....

O famille de dieux sur la terre adorés !
Que vous dirai-je? hélas ! leurs têtes exposées
Du vainqueur insolent excitent les risées,
Tandis que leurs sujets, tremblant de murmurer,
Baissent des yeux mourans qui craignent de pleurer.
De nos honteux soldats les phalanges errantes
A genoux ont jeté leurs armes impuissantes.
Les vainqueurs fatigués dans nos murs asservis,
Lassés de leur victoire et de sang assouvis,
Publiant à la fin le terme du carnage,
Ont, au lieu de la mort, annoncé l'esclavage.
Mais d'un plus grand désastre on nous menace encor:
On prétend que ce roi des fiers enfans du Nord,
Gengis-Kan, que le Ciel envoya pour détruire,
Dont les seuls lieutenans oppriment cet empire,
Dans nos murs autrefois inconnu, dédaigné,
Vient, toujours implacable, et toujours indigné,
Consommer sa colère et venger son injure.
Sa nation farouche est d'une autre nature
Que les tristes humains qu'enferment nos remparts :
Ils habitent des champs, des tentes et des chars;
Ils se croiraient gênés dans cette ville immense;
De nos arts, de nos lois la beauté les offense.
Ces brigands vont changer en d'éternels déserts
Les murs que si long-temps admira l'univers.

IDAMÉ.

Le vainqueur vient sans doute armé de la vengeance.
Dans mon obscurité j'avais quelque espérance;
Je n'en ai plus. Les cieux, à nous nuire attachés,

Ont éclairé la nuit où nous étions cachés.
Trop heureux les mortels inconnus à leur maître !

ZAMTI.

Les nôtres sont tombés : le juste Ciel peut-être
Voudra pour l'orphelin signaler son pouvoir :
Veillons sur lui ; voilà notre premier devoir.
Que nous veut ce Tartare ?

IDAMÉ.

     O Ciel ! prends ma défense.

SCÈNE IV.

ZAMTI, IDAMÉ, ASSÉLI, OCTAR, GARDES.

OCTAR.

Esclaves, écoutez : que votre obéissance
Soit l'unique réponse aux ordres de ma voix.
Il reste encore un fils au dernier de vos rois ;
C'est vous qui l'élevez : votre soin téméraire
Nourrit un ennemi dont il faut se défaire.
Je vous ordonne, au nom du vainqueur des humains,
De remettre aujourd'hui cet enfant en mes mains :
Je vais l'attendre : allez ; qu'on m'apporte ce gage.
Pour peu que vous tardiez, le sang et le carnage
Vont de mon maître encor signaler le courroux,
Et la destruction commencera par vous.
La nuit vient, le jour fuit ; vous, avant qu'il finisse,
Si vous aimez la vie, allez, qu'on m'obéisse.

SCÈNE V.
ZAMTI, IDAMÉ.

IDAMÉ.

Où sommes-nous réduits? O monstres! ô terreur!
Chaque instant fait éclore une nouvelle horreur,
Et produit des forfaits dont l'âme intimidée
Jusqu'à ce jour de sang n'avait point eu d'idée.
Vous ne répondez rien : vos soupirs élancés
Au Ciel qui nous accable en vain sont adressés.
Enfant de tant de rois, faut-il qu'on sacrifie
Aux ordres d'un soldat ton innocente vie!

ZAMTI.

J'ai promis, j'ai juré de conserver ses jours.

IDAMÉ.

De quoi lui serviront vos malheureux secours?
Qu'importent vos sermens, vos stériles tendresses?
Êtes-vous en état de tenir vos promesses?
N'espérons plus.

ZAMTI.

Ah Ciel! Eh quoi! vous voudriez
Voir du fils de mes rois les jours sacrifiés?

IDAMÉ.

Non; je n'y puis penser sans des torrens de larmes,
Et si je n'étais mère, et si, dans mes alarmes,
Le Ciel me permettait d'abréger un destin
Nécessaire à mon fils élevé dans mon sein,
Je vous dirais : Mourons, et, lorsque tout succombe,
Sur les pas de nos rois descendons dans la tombe.

ZAMTI.

Après l'atrocité de leur indigne sort,
Qui pourrait redouter et refuser la mort?
Le coupable la craint, le malheureux l'appelle,
Le brave la défie et marche au-devant d'elle;
Le sage, qui l'attend, la reçoit sans regrets.

IDAMÉ.

Quels sont en me parlant vos sentimens secrets?
Vous baissez vos regards, vos cheveux se hérissent,
Vous pâlissez, vos yeux de larmes se remplissent :
Mon cœur répond au vôtre : il sent tous vos tourmens.
Mais que résolvez-vous?

ZAMTI.

De garder mes sermens.
Auprès de cet enfant allez, daignez m'attendre.

IDAMÉ.

Mes prières, mes cris pourront-ils le défendre?

SCÈNE VI.

ZAMTI, ÉTAN.

ÉTAN.

Seigneur, votre pitié ne peut le conserver.
Ne songez qu'à l'état que sa mort peut sauver :
Pour le salut du peuple il faut bien qu'il périsse.

ZAMTI.

Oui.... je vois qu'il faut faire un triste sacrifice.
Écoute : cet empire est-il cher à tes yeux?
Reconnais-tu ce dieu de la terre et des cieux,

Ce dieu que sans mélange annonçaient nos ancêtres,
Méconnu par le bonze, insulté par nos maîtres ?

ÉTAN.

Dans nos communs malheurs il est mon seul appui;
Je pleure la patrie, et n'espère qu'en lui.

ZAMTI.

Jure ici par son nom, par sa toute-puissance,
Que tu conserveras dans l'éternel silence
Le secret qu'en ton sein je dois ensevelir.
Jure-moi que tes mains oseront accomplir
Ce que les intérêts et les lois de l'empire,
Mon devoir, et mon dieu, vont par moi te prescrire.

ÉTAN.

Je le jure; et je veux, dans ces murs désolés,
Voir nos malheurs communs sur moi seul assemblés,
Si, trahissant vos vœux, et démentant mon zèle,
Ou ma bouche ou ma main vous était infidèle.

ZAMTI.

Allons, il ne m'est plus permis de reculer.

ÉTAN.

De vos yeux attendris je vois des pleurs couler.
Hélas! de tant de maux les atteintes cruelles
Laissent donc place encore à des larmes nouvelles!

ZAMTI.

On a porté l'arrêt! rien ne peut le changer!

ÉTAN.

On presse; et cet enfant, qui vous est étranger....

ZAMTI.

Étranger! lui, mon roi!

ÉTAN.

Notre roi fut son père ;
Je le sais, j'en frémis : parlez, que dois-je faire ?

ZAMTI.

On compte ici mes pas ; j'ai peu de liberté.
Sers-toi de la faveur de ton obscurité.
De ce dépôt sacré tu sais quel est l'asile :
Tu n'es point observé ; l'accès t'en est facile.
Cachons pour quelque temps cet enfant précieux
Dans le sein des tombeaux bâtis par ses aïeux.
Nous remettrons bientôt au chef de la Corée
Ce tendre rejeton d'un tige adorée.
Il peut ravir du moins à nos cruels vainqueurs
Ce malheureux enfant, l'objet de leurs terreurs ;
Il peut sauver mon roi. Je prends sur moi le reste.

ÉTAN.

Et que deviendrez-vous sans ce gage funeste ?
Que pourrez-vous répondre au vainqueur irrité ?

ZAMTI.

J'ai de quoi satisfaire à sa férocité.

ÉTAN.

Vous, Seigneur ?

ZAMTI.

O nature ! ô devoir tyrannique !

ÉTAN.

Eh bien ?

ZAMTI.

Dans son berceau saisis mon fils unique.

ÉTAN.

Votre fils !

ZAMTI.
Songe au roi que tu dois conserver.
Prends mon fils... que son sang... je ne puis achever.
ÉTAN.
Ah! que m'ordonnez-vous?
ZAMTI.
Respecte ma tendresse;
Respecte mon malheur, et surtout ma faiblesse:
N'oppose aucun obstacle à cet ordre sacré,
Et remplis ton devoir après l'avoir juré.
ÉTAN.
Vous m'avez arraché ce serment téméraire.
A quel devoir affreux me faut-il satisfaire!
J'admire avec horreur ce dessein généreux;
Mais si mon amitié....
ZAMTI.
C'en est trop, je le veux.
Je suis père; et ce cœur, qu'un tel arrêt déchire,
S'en est dit cent fois plus que tu ne peux m'en dire.
J'ai fait taire le sang, fais taire l'amitié.
Pars.
ÉTAN.
Il faut obéir.
ZAMTI.
Laisse-moi par pitié.

SCÈNE VII.

ZAMTI.

J'ai fait taire le sang! Ah, trop malheureux père!

J'entends trop cette voix si fatale et si chère.
Ciel! impose silence aux cris de ma douleur!
Mon épouse, mon fils, me déchirent le cœur.
De ce cœur effrayé cache-moi la blessure.
L'homme est trop faible, hélas! pour dompter la nature
Que peut-il par lui-même? achève, soutiens-moi;
Affermis la vertu prête à tomber sans toi.

FIN DU PREMIER ACTE.

ACTE II.

SCÈNE PREMIÈRE.

ZAMTI.

Étan auprès de moi tarde trop à se rendre :
Il faut que je lui parle ; et je crains de l'entendre.
Je tremble malgré moi de son fatal retour.
O mon fils ! mon cher fils ! as-tu perdu le jour ?
Aura-t-on consommé ce fatal sacrifice ?
Je n'ai pu de ma main te conduire au supplice ;
Je n'en eus pas la force : en ai-je assez au moins
Pour apprendre l'effet de mes funestes soins ?
En ai-je encore assez pour cacher mes alarmes ?

SCÈNE II.

ZAMTI, ÉTAN.

ZAMTI.

Viens, ami... je t'entends... je sais tout par tes larmes.

ÉTAN.

Votre malheureux fils....

ZAMTI.

Arrête, parle-moi

De l'espoir de l'empire, et du fils de mon roi;
Est-il en sûreté?

ÉTAN.

Les tombeaux de ses pères
Cachent à nos tyrans sa vie et ses misères.
Il vous devra des jours pour souffrir commencés.
Présent fatal peut-être!

ZAMTI.

Il vit; c'en est assez.
O vous, à qui je rends ces services fidèles!
O mes rois! pardonnez mes larmes paternelles.

ÉTAN.

Osez-vous en ces lieux gémir en liberté?

ZAMTI.

Où porter ma douleur et ma calamité?
Et comment désormais soutenir les approches,
Le désespoir, les cris, les éternels reproches,
Les imprécations d'une mère en fureur?
Encor si nous pouvions prolonger son erreur!

ÉTAN.

On a ravi son fils dans sa fatale absence;
A nos cruels vainqueurs on conduit son enfance;
Et soudain j'ai volé pour donner mes secours
Au royal orphelin dont on poursuit les jours.

ZAMTI.

Ah! du moins, cher Étan, si tu pouvais lui dire
Que nous avons livré l'héritier de l'empire,
Que j'ai caché mon fils, qu'il est en sûreté!

Imposons quelque temps à sa crédulité.
Hélas! la vérité si souvent est cruelle!
On l'aime, et les humains sont malheureux par elle.
Allons.... Ciel! elle-même approche de ces lieux;
La douleur et la mort sont peintes dans ses yeux.

SCÈNE III.

ZAMTI, IDAMÉ.

IDAMÉ.

Qu'ai-je vu? Qu'a-t-on fait? Barbare, est-il possible!
L'avez-vous commandé ce sacrifice horrible?
Non, je ne puis le croire, et le Ciel irrité
N'a pas dans votre sein mis tant de cruauté.
Non, vous ne serez point si dur et si barbare
Que la loi du vainqueur et le fer du Tartare.
Vous pleurez, malheureux!

ZAMTI.

               Ah! pleurez avec moi;
Mais avec moi songez à sauver votre roi.

IDAMÉ.

Que j'immole mon fils!

ZAMTI.

               Telle est notre misère:
Vous êtes citoyenne avant que d'être mère.

IDAMÉ.

Quoi! sur toi la nature a si peu de pouvoir!

ZAMTI.

Elle n'en a que trop, mais moins que mon devoir;

Et je dois plus au sang de mon malheureux maître,
Qu'à cet enfant obscur à qui j'ai donné l'être.

IDAMÉ.

Non, je ne connais point cette horrible vertu.
J'ai vu nos murs en cendre, et le trône abattu,
J'ai pleuré de nos rois les disgrâces affreuses;
Mais par quelles fureurs, encor plus douloureuses,
Veux-tu, de ton épouse avançant le trépas,
Livrer le sang d'un fils qu'on ne demande pas?
Ces rois ensevelis, disparus dans la poudre,
Sont-ils pour toi des dieux dont tu craignes la foudre?
A ces dieux impuissans dans la tombe endormis,
As-tu fait le serment d'assassiner ton fils?
Hélas! grands et petits, et sujets, et monarques,
Distingués un moment par de frivoles marques,
Égaux par la nature, égaux par le malheur,
Tout mortel est chargé de sa propre douleur;
Sa peine lui suffit, et, dans ce grand naufrage,
Rassembler nos débris, voilà notre partage.
Où serais-je, grand Dieu! si ma crédulité
Eût tombé dans le piége à mes pas présenté?
Auprès du fils des rois si j'étais demeurée,
La victime aux bourreaux allait être livrée;
Je cessais d'être mère, et le même couteau
Sur le corps de mon fils me plongeait au tombeau.
Grâces à mon amour, inquiète, troublée,
A ce fatal berceau l'instinct m'a rappelée.
J'ai vu porter mon fils à nos cruels vainqueurs;
Mes mains l'ont arraché des mains des ravisseurs.

ACTE II, SCÈNE III.

Barbare, ils n'ont point eu ta fermeté cruelle;
J'en ai chargé soudain cette esclave fidèle,
Qui soutient de son lait ses misérables jours,
Ces jours qui périssaient sans moi, sans mon secours;
J'ai conservé le sang du fils et de la mère,
Et j'ose dire encor de son malheureux père.

ZAMTI.

Quoi! mon fils est vivant!

IDAMÉ.

Oui, rends grâces au Ciel,
Malgré toi favorable à ton cœur paternel.
Repens-toi.

ZAMTI.

Dieu des cieux, pardonnez cette joie,
Qui se mêle un moment aux pleurs où je me noie!
O ma chère Idamé! ces momens seront courts :
Vainement de mon fils vous prolongiez les jours;
Vainement vous cachiez cette fatale offrande :
Si nous ne donnons pas le sang qu'on nous demande,
Nos tyrans soupçonneux seront bientôt vengés;
Nos citoyens tremblans, avec nous égorgés,
Vont payer de vos soins les efforts inutiles;
De soldats entourés, nous n'avons plus d'asiles;
Et mon fils, qu'au trépas vous croyez arracher,
A l'œil qui le poursuit ne peut plus se cacher.
Il faut subir le sort.

IDAMÉ.

Ah! cher époux, demeure;
Écoute-moi du moins.

ZAMTI.
Hélas...! il faut qu'il meure.
IDAMÉ.
Qu'il meure! arrête, tremble, et crains mon désespoir;
Crains sa mère.
ZAMTI.
Je crains de trahir mon devoir.
Abandonnez le vôtre ; abandonnez ma vie
Aux détestables mains d'un conquérant impie.
C'est mon sang qu'à Gengis il vous faut demander.
Allez, il n'aura pas de peine à l'accorder.
Dans le sang d'un époux trempez vos mains perfides;
Allez, ce jour n'est fait que pour des parricides.
Rendez vains mes sermens, sacrifiez nos lois,
Immolez votre époux, et le sang de vos rois.
IDAMÉ.
De mes rois! Va, te dis-je, ils n'ont rien à prétendre:
Je ne dois point mon sang en tribut à leur cendre;
Va; le nom de sujet n'est pas plus saint pour nous
Que ces noms si sacrés et de père et d'époux.
La nature et l'hymen, voilà les lois premières,
Le devoir, les liens des nations entières :
Ces lois viennent des dieux; le reste est des humains.
Ne me fais point haïr le sang des souverains :
Oui, sauvons l'orphelin d'un vainqueur homicide;
Mais ne le sauvons pas au prix d'un parricide ;
Que les jours de mon fils n'achètent point ses jours:
Loin de l'abandonner, je vole à son secours;
Je prends pitié de lui ; prends pitié de toi-même,

De ton fils innocent, de sa mère qui t'aime.
Je ne menace plus, je tombe à tes genoux.
O père infortuné! cher et cruel époux!
Pour qui j'ai méprisé, tu t'en souviens peut-être,
Ce mortel qu'aujourd'hui le sort a fait ton maître;
Accorde-moi mon fils, accorde-moi ce sang
Que le plus pur amour a formé dans mon flanc,
Et ne résiste point au cri terrible et tendre
Qu'à tes sens désolés l'amour a fait entendre.

ZAMTI.

Ah! c'est trop abuser du charme et du pouvoir
Dont la nature et vous combattez mon devoir.
Trop faible épouse, hélas! si vous pouviez connaître...

IDAMÉ.

Je suis faible, oui, pardonne : une mère doit l'être.
Je n'aurai point de toi de reproche à souffrir,
Quand il faudra te suivre, et qu'il faudra mourir.
Cher époux, et tu peux au vainqueur sanguinaire,
A la place du fils, sacrifier la mère,
Je suis prête : Idamé ne se plaindra de rien;
Et mon cœur est encore aussi grand que le tien.

ZAMTI.

Oui, j'en crois ta vertu.

SCÈNE IV.

ZAMTI, IDAMÉ, OCTAR, GARDES.

OCTAR.

Quoi! vous osez reprendre

Ce dépôt que ma voix vous ordonna de rendre?
Soldats, suivez leurs pas, et me répondez d'eux:
Saisissez cet enfant qu'ils cachent à mes yeux;
Allez: votre empereur en ces lieux va paraître;
Apportez la victime aux pieds de votre maître.
Soldats, veillez sur eux.

ZAMTI.

     Je suis prêt d'obéir:
Vous aurez cet enfant.

IDAMÉ.

     Je ne le puis souffrir;
Non, vous ne l'obtiendrez, cruels, qu'avec ma vie.

OCTAR.

Qu'on fasse retirer cette femme hardie.
Voici votre empereur; ayez soin d'empêcher
Que tous ces vils captifs osent en approcher.

SCÈNE V.

GENGIS, OCTAR, OSMAN, troupe de guerriers.

GENGIS.

On a poussé trop loin le droit de ma conquête.
Que le glaive se cache, et que la mort s'arrête:
Je veux que les vaincus respirent désormais.
J'envoyai la terreur, et j'apporte la paix:
La mort du fils des rois suffit à ma vengeance.
Étouffons dans son sang la fatale semence
Des complots éternels, et des rébellions
Qu'un fantôme de prince inspire aux nations.

Sa famille est éteinte : il vit ; il doit la suivre.
Je n'en veux qu'à des rois : mes sujets doivent vivre.
  Cessez de mutiler tous ces grands monumens,
Ces prodiges des arts consacrés par les temps,
Respectez-les, ils sont le prix de mon courage :
Qu'on cesse de livrer aux flammes, au pillage,
Ces archives de lois, ce vaste amas d'écrits,
Tous ces fruits du génie, objets de vos mépris :
Si l'erreur les dicta, cette erreur m'est utile ;
Elle occupe ce peuple, et le rend plus docile.
  Octar, je vous destine à porter mes drapeaux
Aux lieux où le soleil renaît du sein des eaux.
    (*à un de ses suivans.*)
Vous, dans l'Inde soumise, humble dans sa défaite,
Soyez de mes décrets le fidèle interprète,
Tandis qu'en Occident je fais voler mes fils
Des murs de Samarcande aux bords du Tanaïs.
Sortez : demeure, Octar.

SCÈNE VI.

GENGIS, OCTAR.

GENGIS.

          Eh bien ! pouvais-tu croire
Que le sort m'élevât à ce comble de gloire ?
Je foule aux pieds ce trône, et je règne en des lieux
Où mon front avili n'osa lever les yeux.
Voici donc ce palais, cette superbe ville
Où caché dans la foule, et cherchant un asile,

J'essuyai les mépris qu'à l'abri du danger
L'orgueilleux citoyen prodigue à l'étranger :
On dédaignait un Scythe ; et la honte et l'outrage
De mes vœux mal conçus devinrent le partage ;
Une femme ici même a refusé la main
Sous qui, depuis cinq ans, tremble le genre humain.

OCTAR.

Quoi ! dans ce haut degré de gloire et de puissance,
Quand le monde à vos pieds se prosterne en silence,
D'un tel ressouvenir vous seriez occupé !

GENGIS.

Mon esprit, je l'avoue, en fut toujours frappé.
Des affronts attachés à mon humble fortune
C'est le seul dont je garde une idée importune.
Je n'eus que ce moment de faiblesse et d'erreur :
Je crus trouver ici le repos de mon cœur ;
Il n'est point dans l'éclat dont le sort m'environne :
La gloire le promet ; l'amour, dit-on, le donne.
J'en conserve un dépit trop indigne de moi ;
Mais au moins je voudrais qu'elle connût son roi ;
Que son œil entrevît, du sein de la bassesse,
De qui son imprudence outragea la tendresse ;
Qu'à l'aspect des grandeurs qu'elle eût pu partager,
Son désespoir secret servît à me venger.

OCTAR.

Mon oreille, Seigneur, était accoutumée
Aux cris de la victoire et de la renommée,
Au bruit des murs fumans renversés sous vos pas,
Et non à ces discours, que je ne conçois pas.

ACTE II, SCÈNE VI.

GENGIS.

Non, depuis qu'en ces lieux mon âme fut vaincue,
Depuis que ma fierté fut ainsi confondue,
Mon cœur s'est désormais défendu sans retour
Tous ces vils sentimens qu'ici l'on nomme amour.
Idamé, je l'avoue, en cette âme égarée
Fit une impression que j'avais ignorée.
Dans nos antres du Nord, dans nos stériles champs,
Il n'est point de beauté qui subjugue nos sens;
De nos travaux grossiers les compagnes sauvages
Partageaient l'âpreté de nos mâles courages :
Un poison tout nouveau me surprit en ces lieux;
La tranquille Idamé le portait dans ses yeux;
Ses paroles, ses traits, respiraient l'art de plaire.
Je rends grâce au refus qui nourrit ma colère :
Son mépris dissipa ce charme suborneur,
Ce charme inconcevable, et souverain du cœur.
Mon bonheur m'eût perdu; mon âme tout entière
Se doit aux grands objets de ma vaste carrière.
J'ai subjugué le monde, et j'aurais soupiré!
Ce trait injurieux, dont je fus déchiré,
Ne rentrera jamais dans mon âme offensée;
Je bannis sans regret cette lâche pensée :
Une femme sur moi n'aura point de pouvoir;
Je la veux oublier, je ne veux point la voir :
Qu'elle pleure à loisir sa fierté trop rebelle;
Octar, je vous défends que l'on s'informe d'elle.

OCTAR.

Vous avez dans ces lieux des soins plus importans.

GENGIS.
Oui, je me souviens trop de tant d'égaremens.

SCÈNE VII.

GENGIS, OCTAR, OSMAN.

OSMAN.
La victime, Seigneur, allait être égorgée;
Une garde autour d'elle était déjà rangée;
Mais un événement, que je n'attendais pas,
Demande un nouvel ordre, et suspend son trépas :
Une femme éperdue, et de larmes baignée,
Arrive, tend les bras à la garde indignée;
Et, nous surprenant tous par ses cris forcenés,
Arrêtez! c'est mon fils que vous assassinez!
C'est mon fils! on vous trompe au choix de la victime.
Le désespoir affreux qui parle et qui l'anime,
Ses yeux, son front, sa voix, ses sanglots, ses clameurs,
Sa fureur intrépide au milieu de ses pleurs,
Tout semblait annoncer par ce grand caractère,
Le cri de la nature, et le cœur d'une mère.
Cependant son époux, devant nous appelé,
Non moins éperdu qu'elle, et non moins accablé,
Mais sombre et recueilli dans sa douleur funeste,
De nos rois, a-t-il dit, voilà ce qui nous reste;
Frappez : voilà le sang que vous me demandez.
De larmes en parlant ses yeux sont inondés.
Cette femme à ces mots d'un froid mortel saisie,
Long-temps sans mouvement, sans couleur, et sans vie,

ACTE II, SCÈNE VII.

Ouvrant enfin les yeux d'horreur appesantis,
Dès qu'elle a pu parler a réclamé son fils :
Le mensonge n'a point de douleurs si sincères ;
On ne versa jamais de larmes plus amères.
On doute, on examine, et je reviens confus
Demander à vos pieds vos ordres absolus.

GENGIS.

Je saurai démêler un pareil artifice ;
Et qui m'a pu tromper est sûr de son supplice.
Ce peuple de vaincus prétend-il m'aveugler ?
Et veut-on que le sang recommence à couler ?

OCTAR.

Cette femme ne peut tromper votre prudence :
Du fils de l'empereur elle a conduit l'enfance ;
Aux enfans de son maître on s'attache aisément;
Le danger, le malheur ajoute au sentiment,
Le fanatisme alors égale la nature ;
Et sa douleur si vraie ajoute à l'imposture.
Bientôt, de son secret perçant l'obscurité,
Vos yeux sur cette nuit répandront la clarté.

GENGIS.

Quelle est donc cette femme ?

OCTAR.

On dit qu'elle est unie
A l'un de ces lettrés que respectait l'Asie,
Qui, trop enorgueillis du faste de leurs lois,
Sur leur vain tribunal osaient braver cent rois.
Leur foule est innombrable : ils sont tous dans les chaînes ;

Ils connaîtront enfin des lois plus souveraines :
Zamti, c'est là le nom de cet esclave altier
Qui veillait sur l'enfant qu'on doit sacrifier.

GENGIS.

Allez interroger ce couple condamnable ;
Tirez la vérité de leur bouche coupable,
Que nos guerriers surtout, à leurs postes fixés,
Veillent dans tous les lieux où je les ai placés ;
Qu'aucun d'eux ne s'écarte. On parle de surprise :
Les Coréens, dit-on, tentent quelque entreprise ;
Vers les rives du fleuve on a vu des soldats.
Nous saurons quels mortels s'avancent au trépas,
Et si l'on veut forcer les enfans de la guerre
A porter le carnage aux bornes de la terre.

FIN DU SECOND ACTE.

ACTE III.

SCÈNE PREMIÈRE.

GENGIS, OCTAR, OSMAN, TROUPE DE GUERRIERS.

GENGIS.

A-t-on de ces captifs éclairci l'imposture ?
A-t-on connu leur crime et vengé mon injure ?
Ce rejeton des rois à leur garde commis
Entre les mains d'Octar est-il enfin remis ?

OSMAN.

Il cherche à pénétrer dans ce sombre mystère.
A l'aspect des tourmens, ce mandarin sévère
Persiste en sa réponse avec tranquillité :
Il semble sur son front porter la vérité :
Son épouse en tremblant nous répond par des larmes ;
Sa plainte, sa douleur augmente encor ses charmes.
De pitié malgré nous nos cœurs étaient surpris,
Et nous nous étonnions de nous voir attendris :
Jamais rien de si beau ne frappa notre vue.
Seigneur, le croiriez-vous ? cette femme éperdue
A vos sacrés genoux demande à se jeter.
« Que le vainqueur des rois daigne enfin m'écouter :
« Il pourra d'un enfant protéger l'innocence ;
« Malgré ses cruautés, j'espère en sa clémence :

« Puisqu'il est tout-puissant il sera généreux ;
« Pourrait-il rebuter les pleurs des malheureux ? »
C'est ainsi qu'elle parle ; et j'ai dû lui promettre
Qu'à vos pieds en ces lieux vous daignerez l'admettre.

GENGIS.

De ce mystère enfin je dois être éclairci.

(*à sa suite.*)

Oui, qu'elle vienne : allez, et qu'on l'amène ici.
Qu'elle ne pense pas que par de vaines plaintes,
Des soupirs affectés, et quelques larmes feintes,
Aux yeux d'un conquérant on puisse en imposer :
Les femmes de ces lieux ne peuvent m'abuser ;
Je n'ai que trop connu leurs larmes infidèles,
Et mon cœur dès long-temps s'est affermi contre elles.
Elle cherche un honneur dont dépendra son sort ;
Et vouloir me tromper, c'est demander la mort.

OSMAN.

Voilà cette captive à vos pieds amenée.

GENGIS.

Que vois-je ? est-il possible ? ô Ciel ! ô destinée !
Ne me trompé-je point ? est-ce un songe, une erreur ?
C'est Idamé ! c'est elle, et mes sens....

SCÈNE II.

GENGIS, IDAMÉ, OCTAR, OSMAN, GARDES.

IDAMÉ.

Ah ! Seigneur,
Tranchez les tristes jours d'une femme éperdue.

ACTE III, SCÈNE II.

Vous devez vous venger, je m'y suis attendue.
Mais, Seigneur, épargnez un enfant innocent.

GENGIS.

Rassurez-vous ; sortez de cet effroi pressant....
Ma surprise, Madame, est égale à la vôtre....
Le destin qui fait tout nous trompa l'un et l'autre.
Les temps sont bien changés : mais si l'ordre des cieux
D'un habitant du Nord, méprisable à vos yeux,
A fait un conquérant sous qui tremble l'Asie,
Ne craignez rien pour vous, votre empereur oublie
Les affronts qu'en ces lieux essuya Témugin.
J'immole à ma victoire, à mon trône, au destin,
Le dernier rejeton d'une race ennemie ;
Le repos de l'état me demande sa vie :
Il faut qu'entre mes mains ce dépôt soit livré.
Votre cœur sur un fils doit être rassuré ;
Je le prends sous ma garde.

IDAMÉ.

                   A peine je respire.

GENGIS.

Mais de la vérité, Madame, il faut m'instruire :
Quel indigne artifice ose-t-on m'opposer ?
De vous, de votre époux, qui prétend m'imposer ?

IDAMÉ.

Ah ! des infortunés épargnez la misère !

GENGIS.

Vous savez si je dois haïr ce téméraire.

IDAMÉ.

Vous, Seigneur !

GENGIS.

J'en dis trop, et plus que je ne veux:

IDAMÉ.

Ah! rendez-moi, Seigneur, un enfant malheureux :
Vous me l'avez promis, sa grâce est prononcée.

GENGIS.

Sa grâce est dans vos mains; ma gloire est offensée,
Mes ordres méprisés, mon pouvoir avili ;
En un mot vous savez jusqu'où je suis trahi.
C'est peu de m'enlever le sang que je demande,
De me désobéir alors que je commande ;
Vous êtes dès long-temps instruite à m'outrager ;
Ce n'est pas d'aujourd'hui que je dois me venger.
Votre époux!.... ce seul nom le rend assez coupable,
Quel est donc ce mortel pour vous si respectable,
Qui sous ses lois, Madame, a pu vous captiver?
Quel est cet insolent qui pense me braver?
Qu'il vienne.

IDAMÉ

Mon époux, vertueux et fidèle,
Objet infortuné de ma douleur mortelle,
Servit son dieu, son roi, rendit mes jours heureux,

GENGIS.

Qui!.... lui? mais depuis quand formâtes-vous ces nœuds ?

IDAMÉ.

Depuis que loin de nous le sort, qui vous seconde,
Eut entraîné vos pas pour le malheur du monde.

GENGIS.

J'entends ; depuis le jour que je fus outragé,
Depuis que de vous deux je dus être vengé,
Depuis que vos climats ont mérité ma haine.

SCÈNE III.

GENGIS, OCTAR, OSMAN, *d'un côté ;* IDAMÉ,
ZAMTI, *de l'autre,* GARDES.

GENGIS.

Parle : as-tu satisfait à ma loi souveraine ?
As-tu mis dans mes mains le fils de l'empereur ?

ZAMTI.

J'ai rempli mon devoir, c'en est fait ; oui, Seigneur.

GENGIS.

Tu sais si je punis la fraude et l'insolence :
Tu sais que rien n'échappe aux coups de ma vengeance ;
Que si le fils des rois par toi m'est enlevé,
Malgré ton imposture, il sera retrouvé ;
Que son trépas certain va suivre ton supplice.
              (*à ses gardes.*)
Mais je veux bien le croire. Allez, et qu'on saisisse
L'enfant que cet esclave a remis en vos mains.
Frappez.

ZAMTI.

Malheureux père !

IDAMÉ.

Arrêtez, inhumains !

Ah ! Seigneur, est-ce ainsi que la pitié vous presse ?
Est-ce ainsi qu'un vainqueur sait tenir sa promesse ?

GENGIS.

Est-ce ainsi qu'on m'abuse, et qu'on croit me jouer ?
C'en est trop ; écoutez : il faut tout m'avouer.
Sur cet enfant, Madame, expliquez-vous sur l'heure,
Instruisez-moi de tout, répondez, ou qu'il meure.

IDAMÉ.

Eh bien ! mon fils l'emporte : et si, dans mon malheur,
L'aveu que la nature arrache à ma douleur
Est encore à vos yeux une offense nouvelle ;
S'il faut toujours du sang à votre âme cruelle,
Frappez ce triste cœur qui cède à son effroi,
Et sauvez un mortel plus généreux que moi.
Seigneur, il est trop vrai que notre auguste maître,
Qui, sans vos seuls exploits, n'eût point cessé de l'être,
A remis à mes mains, aux mains de mon époux,
Ce dépôt respectable à tout autre qu'à vous.
Seigneur, assez d'horreurs suivaient votre victoire,
Assez de cruautés ternissaient tant de gloire ;
Dans des fleuves de sang tant d'innocens plongés,
L'empereur et sa femme, et cinq fils égorgés,
Le fer de tous côtés dévastant cet empire,
Tous ces champs de carnage auraient dû vous suffire.
Un barbare en ces lieux est venu demander
Ce dépôt précieux que j'aurais dû garder,
Ce fils de tant de rois, notre unique espérance.
A cet ordre terrible, à cette violence,
Mon époux, inflexible en sa fidélité,

ACTE III, SCÈNE III.

N'a vu que son devoir, et n'a point hésité :
Il a livré son fils. La nature outragée
Vainement déchirait son âme partagée ;
Il imposait silence à ses cris douloureux.
Vous deviez ignorer ce sacrifice affreux :
J'ai dû plus respecter sa fermeté sévère ;
Je devais l'imiter : mais enfin je suis mère ;
Mon âme est au-dessous d'un si cruel effort ;
Je n'ai pu de mon fils consentir à la mort.
Hélas! au désespoir que j'ai trop fait paraître,
Une mère aisément pouvait se reconnaître.
Voyez de cet enfant le père confondu,
Qui ne vous a trahi qu'à force de vertu :
L'un n'attend son salut que de son innocence ;
Et l'autre est respectable alors qu'il vous offense.
Ne punissez que moi, qui trahis à la fois
Et l'époux que j'admire, et le sang de mes rois.
Digne époux! digne objet de toute ma tendresse!
La pitié maternelle est ma seule faiblesse :
Mon sort suivra le tien ; je meurs, si tu péris ;
Pardonne-moi du moins d'avoir sauvé ton fils.

ZAMTI.

Je t'ai tout pardonné, je n'ai plus à me plaindre.
Pour le sang de mon roi je n'ai plus rien à craindre ;
Ses jours sont assurés.

GENGIS.

        Traître, ils ne le sont pas :
Va réparer ton crime, ou subir ton trépas!

ZAMTI.

Le crime est d'obéir à des ordres injustes.
La souveraine voix de mes maîtres augustes
Du sein de leurs tombeaux parle plus haut que toi :
Tu fus notre vainqueur, et tu n'es pas mon roi ;
Si j'étais ton sujet, je te serais fidèle.
Arrache-moi la vie, et respecte mon zèle :
Je t'ai livré mon fils, j'ai pu te l'immoler ;
Penses-tu que pour moi je puisse encor trembler ?

GENGIS.

Qu'on l'ôte de mes yeux.

IDAMÉ.

Ah ! daignez....

GENGIS.

Qu'on l'entraîne.

IDAMÉ.

Non, n'accablez que moi des traits de votre haine.
Cruel ! qui m'aurait dit que j'aurais par vos coups
Perdu mon empereur, mon fils, et mon époux ?
Quoi ! votre âme jamais ne peut être amollie ?

GENGIS.

Allez, suivez l'époux à qui le sort vous lie.
Est-ce à vous de prétendre encore à me toucher ?
Et quel droit avez-vous de me rien reprocher ?

IDAMÉ.

Ah ! je l'avais prévu, je n'ai plus d'espérance.

GENGIS.

Allez, dis-je, Idamé : si jamais la clémence

Dans mon cœur malgré moi pouvait encore entrer,
Vous sentez quels affronts il faudrait réparer.

SCÈNE IV.

GENGIS, OCTAR.

GENGIS.

D'où vient que je gémis? d'où vient que je balance?
Quel dieu parlait en elle, et prenait sa défense?
Est-il dans les vertus, est-il dans la beauté
Un pouvoir au-dessus de mon autorité?
Ah! demeurez, Octar; je me crains, je m'ignore :
Il me faut un ami, je n'en eus point encore;
Mon cœur en a besoin.

OCTAR.

Puisqu'il faut vous parler,
S'il est des ennemis qu'on vous doive immoler,
Si vous voulez couper d'une race odieuse,
Dans ses derniers rameaux, la tige dangereuse,
Précipitez sa perte; il faut que la rigueur,
Trop nécessaire appui du trône d'un vainqueur,
Frappe sans intervalle un coup sûr et rapide :
C'est un torrent qui passe en son cours homicide,
Le temps ramène l'ordre et la tranquillité;
Le peuple se façonne à la docilité;
De ses premiers malheurs l'image est affaiblie;
Bientôt il les pardonne, et même il les oublie.
Mais lorsque goutte à goutte on fait couler le sang,
Qu'on ferme avec lenteur, et qu'on rouvre le flanc,

Que les jours renaissans ramènent le carnage,
Le désespoir tient lieu de force et de courage,
Et fait d'un peuple faible un peuple d'ennemis,
D'autant plus dangereux qu'ils étaient plus soumis.

GENGIS.

Quoi! c'est cette Idamé? quoi! c'est là cette esclave?
Quoi! l'hymen l'a soumise au mortel qui me brave?

OCTAR.

Je conçois que pour elle il n'est point de pitié :
Vous ne lui dévez plus que votre inimitié.
Cet amour, dites-vous, qui vous toucha pour elle,
Fut d'un feu passager la légère étincelle :
Ses imprudens refus, la colère, et le temps,
En ont éteint dans vous les restes languissans;
Elle n'est à vos yeux qu'une femme coupable,
D'un criminel obscur épouse méprisable.

GENGIS.

Il en sera puni; je le dois, je le veux :
Ce n'est pas avec lui que je suis généreux.
Moi, laisser respirer un vaincu que j'abhorre!
Un esclave! un rival!

OCTAR.
     Pourquoi vit-il encore?
Vous êtes tout-puissant, et n'êtes point vengé!

GENGIS.

Juste Ciel! à ce point mon cœur serait changé!
C'est ici que ce cœur connaîtrait les alarmes,
Vaincu par la beauté, désarmé par les larmes,
Dévorant mon dépit et mes soupirs honteux!

Moi, rival d'un esclave, et d'un esclave heureux!
Je souffre qu'il respire, et cependant on l'aime!
Je respecte Idamé jusqu'en son époux même;
Je crains de la blesser en enfonçant mes coups
Dans le cœur détesté de cet indigne époux.
Est-il bien vrai que j'aime? est-ce moi qui soupire?
Qu'est-ce donc que l'amour? a-t-il donc tant d'empire?

OCTAR.

Je n'appris qu'à combattre, à marcher sous vos lois;
Mes chars et mes coursiers, mes flèches, mon carquois;
Voilà mes passions et ma seule science :
Des caprices du cœur j'ai peu d'intelligence;
Je connais seulement la victoire et nos mœurs :
Les captives toujours ont suivi leurs vainqueurs.
Cette délicatesse importune, étrangère,
Dément votre fortune et votre caractère.
Et qu'importe pour vous qu'une esclave de plus
Attende en gémissant vos ordres absolus?

GENGIS.

Qui connaît mieux que moi jusqu'où va ma puissance?
Je puis, je le sais trop, user de violence;
Mais quel bonheur honteux, cruel, empoisonné,
D'assujettir un cœur qui ne s'est point donné,
De ne voir en des yeux, dont on sent les atteintes,
Qu'un nuage de pleurs et d'éternelles craintes,
Et de ne posséder, dans sa funeste ardeur,
Qu'une esclave tremblante à qui l'on fait horreur!
Les monstres des forêts qu'habitent nos Tartares
Ont des jours plus sereins, des amours moins barbares.

Enfin il faut tout dire ; Idamé prit sur moi
Un secret ascendant qui m'imposait la loi.
Je tremble que mon cœur aujourd'hui s'en souvienne:
J'en étais indigné ; son âme eut sur la mienne,
Et sur mon caractère, et sur ma volonté,
Un empire plus sûr et plus illimité,
Que je n'en ai reçu des mains de la victoire
Sur cent rois détrônés, accablés de ma gloire :
Voilà ce qui tantôt excitait mon dépit.
Je la veux pour jamais chasser de mon esprit ;
Je me rends tout entier à ma grandeur suprême ;
Je l'oublie : elle arrive ; elle triomphe, et j'aime.

SCÈNE V.

GENGIS, OCTAR, OSMAN.

GENGIS.

Eh bien ! que résout-elle ? et que m'apprenez-vous ?

OSMAN.

Elle est prête à périr auprès de son époux
Plutôt que découvrir l'asile impénétrable
Où leurs soins ont caché cet enfant misérable ;
Ils jurent d'affronter le plus cruel trépas.
Son époux la retient tremblante entre ses bras ;
Il soutient sa constance, il l'exhorte au supplice :
Ils demandent tous deux que la mort les unisse.
Tout un peuple autour d'eux pleure et frémit d'effroi.

GENGIS.

Idamé, dites-vous, attend la mort de moi ?

Ah ! rassurez son âme, et faites-lui connaître
Que ses jours sont sacrés, qu'ils sont chers à son maître..
C'en est assez ; volez.

SCÈNE VI.

GENGIS, OCTAR.

OCTAR.

Quels ordres donnez-vous
Sur cet enfant des rois qu'on dérobe à nos coups ?

GENGIS.

Aucun.

OCTAR.

Vous commandiez que notre vigilance
Aux mains d'Idamé même enlevât son enfance.

GENGIS.

Qu'on attende.

OCTAR.

On pourrait....

GENGIS.

Il ne peut m'échapper.

OCTAR.

Peut-être elle vous trompe.

GENGIS.

Elle ne peut tromper.

OCTAR.

Voulez-vous de ses rois conserver ce qui reste.

GENGIS.

Je veux qu'Idamé vive ; ordonne tout le reste.

Va la trouver. Mais non, cher Octar, hâte-toi
De forcer son époux à fléchir sous ma loi :
C'est peu de cet enfant, c'est peu de son supplice;
Il faut bien qu'il me fasse un plus grand sacrifice.

OCTAR.

Lui?

GENGIS.

Sans doute: oui, lui-même.

OCTAR.

Et quel est votre espoir?

GENGIS.

De dompter Idamé, de l'aimer, de la voir,
D'être aimé de l'ingrate, ou de me venger d'elle,
De la punir. Tu vois ma faiblesse nouvelle :
Emporté, malgré moi, par de contraires vœux,
Je frémis, et j'ignore encor ce que je veux.

FIN DU TROISIÈME ACTE.

ACTE IV.

SCÈNE PREMIÈRE.

GENGIS, troupe de guerriers tartares.

GENGIS.

Ainsi la liberté, le repos, et la paix,
Ce but de mes travaux, me fuira pour jamais ?
Je ne puis être à moi ! D'aujourd'hui je commence
A sentir tout le poids de ma triste puissance :
Je cherchais Idamé ; je ne vois près de moi
Que ces chefs importuns qui fatiguent leur roi.
   (*à sa suite.*)
Allez : au pied des murs hâtez-vous de vous rendre,
L'insolent Coréen ne pourra nous surprendre.
Ils ont proclamé roi cet enfant malheureux,
Et, sa tête à la main, je marcherai contre eux.
Pour la dernière fois que Zamti m'obéisse :
J'ai trop de cet enfant différé le supplice.
   (*Il reste seul.*)
Allez. Ces soins cruels, à mon sort attachés,
Gênent trop mes esprits d'un autre soin touchés :
Ce peuple à contenir, ces vainqueurs à conduire,
Des périls à prévoir, des complots à détruire :

Que tout pèse à mon cœur en secret tourmenté !
Ah ! je fus plus heureux dans mon obscurité.

SCÈNE II.

GENGIS, OCTAR.

GENGIS.

Eh bien ! vous avez vu ce mandarin farouche ?
OCTAR.
Nul péril ne l'émeut, nul respect ne le touche.
Seigneur, en votre nom j'ai rougi de parler
A ce vil ennemi qu'il fallait immoler ;
D'un œil d'indifférence il a vu le supplice ;
Il répète les noms de devoir, de justice ;
Il brave la victoire : on dirait que sa voix
Du haut d'un tribunal nous dicte ici des lois.
Confondez avec lui son épouse rebelle ;
Ne vous abaissez point à soupirer pour elle ;
Et détournez les yeux de ce couple proscrit,
Qui vous ose braver quand la terre obéit.
GENGIS.
Non, je ne reviens point encor de ma surprise :
Quels sont donc ces humains que mon bonheur maîtrise ?
Quels sont ces sentimens, qu'au fond de nos climats
Nous ignorions encore, et ne soupçonnions pas ?
A son roi, qui n'est plus, immolant la nature,
L'un voit périr son fils sans crainte et sans murmure ;
L'autre pour son époux est prête à s'immoler :
Rien ne peut les fléchir, rien ne les fait trembler.

Que dis-je? si j'arrête une vue attentive
Sur cette nation désolée et captive,
Malgré moi je l'admire en lui donnant des fers:
Je vois que ses travaux ont instruit l'univers;
Je vois un peuple antique, industrieux, immense.
Ses rois sur la sagesse ont fondé leur puissance,
De leurs voisins soumis heureux législateurs,
Gouvernant sans conquête, et régnant par les mœurs.
Le Ciel ne nous donna que la force en partage:
Nos arts sont les combats, détruire est notre ouvrage.
Ah! de quoi m'ont servi tant de succès divers?
Quel fruit me revient-il des pleurs de l'univers?
Nous rougissons de sang le char de la victoire.
Peut-être qu'en effet il est une autre gloire:
Mon cœur est en secret jaloux de leurs vertus;
Et, vainqueur, je voudrais égaler les vaincus.

OCTAR.

Pouvez-vous de ce peuple admirer la faiblesse?
Quel mérite ont des arts enfans de la mollesse,
Qui n'ont pu les sauver des fers et de la mort?
Le faible est destiné pour servir le plus fort:
Tout cède sur la terre aux travaux, au courage;
Mais c'est vous qui cédez, qui souffrez un outrage,
Vous qui tendez les mains, malgré votre courroux,
A je ne sais quels fers inconnus parmi nous;
Vous qui vous exposez à la plainte importune
De ceux dont la valeur a fait votre fortune.
Ces braves compagnons de vos travaux passés
Verront-ils tant d'honneurs par l'amour effacés?

Leur grand cœur s'en indigne, et leurs fronts en rougissent :
Leurs clameurs jusqu'à vous par ma voix retentissent.
Je vous parle en leur nom comme au nom de l'état.
Excusez un Tartare, excusez un soldat
Blanchi sous le harnois et dans votre service,
Qui ne peut supporter un amoureux caprice,
Et qui montre la gloire à vos yeux éblouis.

GENGIS.

Que l'on cherche Idamé.

OCTAR.
Vous voulez....

GENGIS.
Obéis,
De ton zèle hardi réprime la rudesse :
Je veux que mes sujets respectent ma faiblesse.

SCÈNE III.

GENGIS.

A mon sort à la fin je ne puis résister :
Le Ciel me la destine, il n'en faut point douter.
Qu'ai-je fait, après tout, dans ma grandeur suprême ?
J'ai fait des malheureux, et je le suis moi-même ;
Et de tous ces mortels attachés à mon rang,
Avides de combats, prodigues de leur sang,
Un seul a-t-il jamais, arrêtant ma pensée,
Dissipé les chagrins de mon âme oppressée ?
Tant d'états subjugués ont-ils rempli mon cœur ?
Ce cœur, lassé de tout, demandait une erreur

Qui pût de mes ennuis chasser la nuit profonde,
Et qui me consolât sur le trône du monde.
Par ses tristes conseils Octar m'a révolté :
Je ne vois près de moi qu'un tas ensanglanté
De monstres affamés et d'assassins sauvages,
Disciplinés au meurtre, et formés aux ravages :
Ils sont nés pour la guerre, et non pas pour ma cour;
Je les prends en horreur, en connaissant l'amour :
Qu'ils combattent sous moi, qu'ils meurent à ma suite;
Mais qu'ils n'osent jamais juger de ma conduite.
Idamé ne vient point.... c'est elle, je la voi.

SCÈNE IV.
GENGIS, IDAMÉ.

IDAMÉ.
Quoi! vous voulez jouir encor de mon effroi?
Ah! Seigneur, épargnez une femme, une mère :
Ne rougissez-vous pas d'accabler ma misère?

GENGIS.
Cessez à vos frayeurs de vous abandonner :
Votre époux peut se rendre, on peut lui pardonner;
J'ai déjà suspendu l'effet de ma vengeance,
Et mon cœur pour vous seule a connu la clémence.
Peut-être ce n'est pas sans un ordre des cieux
Que mes prospérités m'ont conduit à vos yeux;
Peut-être le destin voulut vous faire naître
Pour fléchir un vainqueur, pour captiver un maître,
Pour adoucir en moi cette âpre dureté

Des climats où mon sort en naissant m'a jeté.
Vous m'entendez, je règne, et vous pourriez reprendre
Un pouvoir que sur moi vous deviez peu prétendre.
Le divorce, en un mot, par mes lois est permis;
Et le vainqueur du monde à vous seule est soumis.
S'il vous fut odieux, le trône a quelques charmes;
Et le bandeau des rois peut essuyer des larmes.
L'intérêt de l'état et de vos citoyens
Vous presse autant que moi de former ces liens.
Ce langage, sans doute, a de quoi vous surprendre:
Sur les débris fumans des trônes mis en cendre,
Le destructeur des rois dans la poudre oubliés
Semblait n'être plus fait pour se voir à vos pieds:
Mais sachez qu'en ces lieux votre foi fut trompée;
Par un rival indigne elle fut usurpée:
Vous la devez, Madame, au vainqueur des humains;
Témugin vient à vous vingt sceptres dans les mains.
Vous baissez vos regards, et je ne puis comprendre
Dans vos yeux interdits ce que je dois attendre:
Oubliez mon pouvoir, oubliez ma fierté;
Pesez vos intérêts, parlez en liberté.

IDAMÉ.

A tant de changemens tour à tour condamnée,
Je ne le cèle point, vous m'avez étonnée:
Je vais, si je le puis, reprendre mes esprits;
Et, quand je répondrai, vous serez plus surpris.
Il vous souvient du temps et de la vie obscure
Où le Ciel enfermait votre grandeur future;
L'effroi des nations n'était que Témugin;

L'univers n'était pas, Seigneur, en votre main :
Elle était pure alors, et me fut présentée :
Apprenez qu'en ce temps je l'aurais acceptée.

GENGIS.

Ciel ! que m'avez-vous dit ? ô Ciel ! vous m'aimeriez !
Vous !

IDAMÉ.

     J'ai dit que ces vœux que vous me présentiez
N'auraient point révolté mon âme assujettie,
Si les sages mortels à qui j'ai dû la vie
N'avaient fait à mon cœur un contraire devoir.
De nos parens sur nous vous savez le pouvoir :
Du dieu que nous servons ils sont la vive image ;
Nous leur obéissons en tout temps, en tout âge.
Cet empire détruit, qui dut être immortel,
Seigneur, était fondé sur le droit paternel,
Sur la foi de l'hymen, sur l'honneur, la justice,
Le respect des sermens ; et, s'il faut qu'il périsse,
Si le sort l'abandonne à vos heureux forfaits,
L'esprit qui l'anima ne périra jamais.
Vos destins sont changés, mais le mien ne peut l'être.

GENGIS.

Quoi ! vous m'auriez aimé !

IDAMÉ.

      C'est à vous de connaître
Que ce serait encore une raison de plus
Pour n'attendre de moi qu'un éternel refus.
Mon hymen est un nœud formé par le Ciel même :
Mon époux m'est sacré ; je dirai plus, je l'aime.

Je le préfère à vous, au trône, à vos grandeurs.
Pardonnez mon aveu, mais respectez nos mœurs.
Ne pensez pas non plus que je mette ma gloire
A remporter sur vous cette illustre victoire,
A braver un vainqueur, à tirer vanité
De ces justes refus qui ne m'ont point coûté :
Je remplis mon devoir, et je me rends justice ;
Je ne fais point valoir un pareil sacrifice.
Portez ailleurs les dons que vous me proposez,
Détachez-vous d'un cœur qui les a méprisés :
Et, puisqu'il faut toujours qu'Idamé vous implore,
Permettez qu'à jamais mon époux les ignore.
De ce faible triomphe il serait moins flatté
Qu'indigné de l'outrage à ma fidélité.

GENGIS.

Il sait mes sentimens, Madame ; il faut les suivre :
Il s'y conformera, s'il aime encore à vivre.

IDAMÉ.

Il en est incapable ; et si dans les tourmens
La douleur égarait ses nobles sentimens,
Si son âme vaincue avait quelque mollesse,
Mon devoir et ma foi soutiendraient sa faiblesse ;
De son cœur chancelant je deviendrais l'appui,
En attestant des nœuds déshonorés par lui.

GENGIS.

Ce que je viens d'entendre, ô dieux ! est-il croyable ?
Quoi ! lorsqu'envers vous-même il s'est rendu coupable
Lorsque sa cruauté, par un barbare effort,
Vous arrachant un fils, l'a conduit à la mort.

ACTE IV, SCÈNE IV.

IDAMÉ.

Il eut une vertu, Seigneur, que je révère :
Il pensait en héros, je n'agissais qu'en mère ;
Et, si j'étais injuste assez pour le haïr,
Je me respecte assez pour ne le point trahir.

GENGIS.

Tout m'étonne dans vous, mais aussi tout m'outrage :
J'adore avec dépit cet excès de courage ;
Je vous aime encor plus quand vous me résistez ;
Vous subjuguez mon cœur, et vous le révoltez.
Redoutez-moi ; sachez que, malgré ma faiblesse,
Ma fureur peut aller plus loin que ma tendresse.

IDAMÉ.

Je sais qu'ici tout tremble ou périt par vos coups :
Les lois vivent encore, et l'emportent sur vous.

GENGIS.

Les lois ! il n'en est plus : quelle erreur obstinée
Ose les alléguer contre ma destinée ?
Il n'est ici de lois que celles de mon cœur,
Celles d'un souverain, d'un Scythe, d'un vainqueur :
Les lois que vous suivez m'ont été trop fatales.
Oui, lorsque dans ces lieux nos fortunes égales,
Nos sentimens, nos cœurs l'un vers l'autre emportés,
(Car je le crois ainsi malgré vos cruautés)
Quand tout nous unissait, vos lois, que je déteste,
Ordonnèrent ma honte et votre hymen funeste.
Je les anéantis, je parle, c'est assez :
Imitez l'univers, Madame, obéissez.
Vos mœurs que vous vantez, vos usages austères,

Sont un crime à mes yeux, quand ils me sont contraires.
Mes ordres sont donnés, et votre indigne époux
Doit remettre en mes mains votre empereur et vous :
Leurs jours me répondront de votre obéissance.
Pensez-y ; vous savez jusqu'où va ma vengeance ;
Et songez à quel prix vous pouvez désarmer
Un maître qui vous aime, et qui rougit d'aimer.

SCÈNE V.

IDAMÉ, ASSÉLI.

IDAMÉ.

Il me faut donc choisir leur perte ou l'infamie !
O pur sang de mes rois ! ô moitié de ma vie !
Cher époux, dans mes mains quand je tiens votre sort,
Ma voix sans balancer vous condamne à la mort.

ASSÉLI.

Ah ! reprenez plutôt cet empire suprême
Qu'aux beautés, aux vertus, attacha le Ciel même ;
Ce pouvoir, qui soumit ce Scythe furieux
Aux lois de la raison qu'il lisait dans vos yeux.
Long-temps accoutumée à dompter sa colère,
Que ne pouvez-vous point puisque vous savez plaire ?

IDAMÉ.

Dans l'état où je suis c'est un malheur de plus.

ASSÉLI.

Vous seule adouciriez le destin des vaincus :
Dans nos calamités, le Ciel, qui nous seconde,
Veut vous opposer seule à ce tyran du monde :

Vous avez vu tantôt son courage irrité
Se dépouiller pour vous de sa férocité.
Il aurait dû cent fois, il devrait même encore
Perdre dans votre époux un rival qu'il abhorre ;
Zamti pourtant respire après l'avoir bravé ;
A son épouse encore il n'est point enlevé.
On vous respecte en lui ; ce vainqueur sanguinaire
Sur les débris du monde a craint de vous déplaire.
Enfin souvenez-vous que dans ces mêmes lieux
Il sentit, le premier, le pouvoir de vos yeux :
Son amour autrefois fut pur et légitime.

IDAMÉ.

Arrête ; il ne l'est plus : y penser est un crime.

SCÈNE VI.

ZAMTI, IDAMÉ, ASSÉLI.

IDAMÉ.

Ah ! dans ton infortune, et dans mon désespoir,
Suis-je encor ton épouse, et peux-tu me revoir ?

ZAMTI.

On le veut : du tyran tel est l'ordre funeste ;
Je dois à ses fureurs ce moment qui me reste.

IDAMÉ.

On t'a dit à quel prix ce tyran daigne enfin
Sauver tes tristes jours et ceux de l'orphelin ?

ZAMTI.

Ne parlons pas des miens, laissons notre infortune.
Un citoyen n'est rien dans la perte commune ;

Il doit s'anéantir. Idamé, souviens-toi
Que mon devoir unique est de sauver mon roi;
Nous lui devions nos jours, nos services, notre être,
Tout jusqu'au sang d'un fils qui naquit pour son maître.
Mais l'honneur est un bien que nous ne devons pas.
Cependant l'orphelin n'attend que le trépas,
Mes soins l'ont enfermé dans ces asiles sombres
Où de rois ses aïeux on révère les ombres;
La mort, si nous tardons, l'y dévore avec eux.
En vain des Coréens le prince généreux
Attend ce cher dépôt que lui promit mon zèle.
Étan, de son salut ce ministre fidèle,
Étan, ainsi que moi, se voit chargé de fers.
Toi seule à l'orphelin restes dans l'univers;
C'est à toi maintenant de conserver sa vie,
Et ton fils, et ta gloire à mon honneur unie.

IDAMÉ.

Ordonne; que veux-tu? que faut-il?

ZAMTI.

M'oublier,
Vivre pour ton pays, lui tout sacrifier.
Ma mort, en éteignant les flambeaux d'hyménée,
Est un arrêt des cieux qui fait ta destinée.
Il n'est plus d'autres soins ni d'autres lois pour nous:
L'honneur d'être fidèle aux cendres d'un époux
Ne saurait balancer une gloire plus belle.
C'est au prince, à l'état qu'il faut être fidèle.
Remplissons de nos rois les ordres absolus;

ACTE IV, SCÈNE VI.

Je leur donnai mon fils, je leur donne encor plus.
Libre par mon trépas, enchaîne ce Tartare;
Éteins sur mon tombeau les foudres du barbare :
Je commence à sentir la mort avec horreur
Quand ma mort t'abandonne à cet usurpateur :
Je fais en frémissant ce sacrifice impie;
Mais mon devoir l'épure, et mon trépas l'expie;
Il était nécessaire autant qu'il est affreux.
Idamé, sers de mère à ton roi malheureux;
Règne; que ton roi vive, et que ton époux meure :
Règne, dis-je, à ce prix : oui, je le veux....

IDAMÉ.

            Demeure.
Me connais-tu ? veux-tu que ce funeste rang
Soit le prix de ma honte, et le prix de ton sang?
Penses-tu que je sois moins épouse que mère!
Tu t'abuses, cruel ! et ta vertu sévère
A commis contre moi deux crimes en un jour,
Qui font frémir tous deux la nature et l'amour.
Barbare envers ton fils, et plus envers moi-même,
Ne te souvient-il plus qui je suis, et qui t'aime?
Crois-moi dans nos malheurs il est un sort plus beau
Un plus noble chemin pour descendre au tombeau.
Soit amour, soit mépris, le tyran qui m'offense,
Sur moi, sur mes desseins, n'est pas en défiance :
Dans ces remparts fumans, et de sang abreuvés,
Je suis libre, et mes pas ne sont point observés;
Le chef des Coréens s'ouvre un secret passage
Non loin de ces tombeaux, où ce précieux gage

A l'œil qui le poursuit fut caché par tes mains !
De ces tombeaux sacrés je sais tous les chemins ;
Je cours y ranimer sa languissante vie,
Le rendre aux défenseurs armés pour la patrie,
Le porter en mes bras dans leurs rangs belliqueux
Comme un présent d'un dieu qui combat avec eux.
Nous mourrons, je le sais, mais tout couverts de gloire.
Nous laisserons de nous une illustre mémoire.
Mettons nos noms obscurs au rang des plus grands noms,
Et juge si mon cœur a suivi tes leçons.

ZAMTI.

Tu l'inspires, grand Dieu ! que ton bras la soutienne !
Idamé, ta vertu l'emporte sur la mienne ;
Toi seul as mérité que les cieux attendris
Daignent sauver par toi ton prince et ton pays.

FIN DU QUATRIÈME ACTE.

ACTE V.

SCÈNE PREMIÈRE.

IDAMÉ, ASSÉLI.

ASSÉLI.

Quoi! rien n'a résisté! tout a fui sans retour!
Quoi! je vous vois deux fois sa captive en un jour!
Fallait-il affronter ce conquérant sauvage?
Sur les faibles mortels il a trop d'avantage.
Une femme, un enfant, des guerriers sans vertu!
Que pouviez-vous? hélas!

IDAMÉ.

                J'ai fait ce que j'ai dû.
Tremblante pour mon fils, sans force, inanimée,
J'ai porté dans mes bras l'empereur à l'armée.
Son aspect a d'abord animé les soldats :
Mais Gengis a marché; la mort suivait ses pas;
Et des enfans du Nord la horde ensanglantée
Aux fers dont je sortais m'a soudain rejetée.
C'en est fait.

ASSÉLI.

      Ainsi donc ce malheureux enfant
Retombe entre ses mains, et meurt presque en naissant :

Votre époux avec lui termine sa carrière.
IDAMÉ.
L'un et l'autre bientôt voit son heure dernière.
Si l'arrêt de la mort n'est point porté contre eux,
C'est pour leur préparer des tourmens plus affreux.
Mon fils, ce fils si cher, va les suivre peut-être.
Devant ce fier vainqueur il m'a fallu paraître ;
Tout fumant de carnage, il m'a fait appeler,
Pour jouir de mon trouble, et pour mieux m'accabler.
Ses regards inspiraient l'horreur et l'épouvante.
Vingt fois il a levé sa main toute sanglante
Sur le fils de mes rois, sur mon fils malheureux.
Je me suis en tremblant jetée au-devant d'eux;
Tout en pleurs, à ses pieds je me suis prosternée;
Mais lui, me repoussant d'une main forcenée,
La menace à la bouche, et détournant les yeux,
Il est sorti pensif, et rentré furieux;
Et, s'adressant aux siens d'une voix oppressée,
Il leur criait vengeance, et changeait de pensée ;
Tandis qu'autour de lui ses barbares soldats
Semblaient lui demander l'ordre de mon trépas.
ASSÉLI.
Pensez-vous qu'il donnât un ordre si funeste ?
Il laisse vivre encor votre époux, qu'il déteste;
L'orphelin aux bourreaux n'est point abandonné.
Daignez demander grâce, et tout est pardonné.
IDAMÉ.
Non, ce féroce amour est tourné tout en rage.
Ah! si tu l'avais vu redoubler mon outrage,

ACTE V, SCÈNE I.

M'assurer de sa haine, insulter à mes pleurs!

ASSÉLI.

Et vous doutez encor d'asservir ses fureurs?
Ce lion subjugué qui rugit dans sa chaîne,
S'il ne vous aimait pas, parlerait moins de haine.

IDAMÉ.

Qu'il m'aime ou me haïsse, il est temps d'achever
Des jours que sans horreur je ne puis conserver.

ASSÉLI.

Ah! que résolvez-vous?

IDAMÉ.

Quand le Ciel en colère
De ceux qu'il persécute a comblé la misère,
Il les soutient souvent dans le sein des douleurs,
Et leur donne un courage égal à leurs malheurs.
J'ai pris dans l'horreur même où je suis parvenue
Une force nouvelle à mon cœur inconnue.
Va, je ne craindrai plus ce vainqueur des humains;
Je dépendrai de moi : mon sort est en mes mains.

ASSÉLI.

Mais ce fils, cet objet de crainte et de tendresse,
L'abandonnerez-vous?

IDAMÉ.

Tu me rends ma faiblesse,
Tu me perces le cœur. Ah! sacrifice affreux!
Que n'avais-je point fait pour ce fils malheureux!
Mais Gengis après tout, dans sa grandeur altière,
Environné de rois couchés dans la poussière,

Ne recherchera point un enfant ignoré
Parmi les malheureux dans la foule égaré;
Ou peut-être il verra d'un regard moins sévère
Cet enfant innocent dont il aima la mère :
A cet espoir au moins mon triste cœur se rend;
C'est une illusion que j'embrasse en mourant.
Haïra-t-il ma cendre, après m'avoir aimée?
Dans la nuit de la tombe en serai-je opprimée ?
Poursuivra-t-il mon fils?

SCÈNE II.

IDAMÉ, ASSÉLI, OCTAR.

OCTAR.

Idamé, demeurez :
Attendez l'empereur en ces lieux retirés.
 (à sa suite.)
Veillez sur ces enfans; et vous à cette porte,
Tartares, empêchez qu'aucun n'entre et ne sorte.
 (à Asséli.)
Éloignez-vous.

IDAMÉ.

Seigneur, il veut encor me voir!
J'obéis, il le faut, je cède à son pouvoir.
Si j'obtenais du moins, avant de voir un maître,
Qu'un moment à mes yeux mon époux pût paraître,
Peut-être du vainqueur les esprits ramenés
Rendraient enfin justice à deux infortunés.
Je sens que je hasarde une prière vaine :

La victoire est chez vous implacable, inhumaine;
Mais enfin la pitié, Seigneur, en vos climats,
Est-elle un sentiment qu'on ne connaisse pas?
Et ne puis-je implorer votre voix favorable?

OCTAR.

Quand l'arrêt est porté, qui conseille est coupable.
Vous n'êtes plus ici sous vos antiques rois,
Qui laissaient désarmer la rigueur de leurs lois.
D'autres temps, d'autres mœurs: ici règnent les armes:
Nous ne connaissons point les prières, les larmes.
On commande, et la terre écoute avec terreur.
Demeurez, attendez l'ordre de l'empereur.

SCÈNE III.

IDAMÉ.

Dieu des infortunés, qui voyez mon outrage,
Dans ces extrémités soutenez mon courage;
Versez du haut des cieux, dans ce cœur consterné,
Les vertus de l'époux que vous m'avez donné.

SCÈNE IV.

GENGIS, IDAMÉ.

GENGIS.

Non, je n'ai point assez déployé ma colère,
Assez humilié votre orgueil téméraire,
Assez fait de reproche aux infidélités
Dont votre ingratitude a payé mes bontés.
Vous n'avez pas conçu l'excès de votre crime,

Ni tout votre danger, ni l'horreur qui m'anime,
Vous, que j'avais aimée, et que je dus haïr,
Vous, qui me trahissez, et que je dois punir.

####### IDAMÉ.

Ne punissez que moi; c'est la grâce dernière
Que j'ose demander à la main meurtrière
Dont j'espérais en vain fléchir la cruauté.
Éteignez dans mon sang votre inhumanité.
Vengez-vous d'une femme à son devoir fidèle;
Finissez ses tourmens.

####### GENGIS.

Je ne le puis, cruelle:
Les miens sont plus affreux, je les veux terminer:
Je viens pour vous punir, je puis tout pardonner.
Moi, pardonner! à vous! non, craignez ma vengeance:
Je tiens le fils des rois, le vôtre, en ma puissance.
De votre indigne époux je ne vous parle pas;
Depuis que vous l'aimez, je lui dois le trépas:
Il me trahit, me brave, il ose être rebelle.
Mille morts punissaient sa fraude criminelle:
Vous retenez mon bras, et j'en suis indigné;
Oui, jusqu'à ce moment le traître est épargné.
Mais je ne prétends plus supplier ma captive.
Il le faut oublier, si vous voulez qu'il vive.
Rien n'excuse à présent votre cœur obstiné:
Il n'est plus votre époux, puisqu'il est condamné;
Il a péri pour vous: votre chaîne odieuse
Va se rompre à jamais par une mort honteuse.
C'est vous qui m'y forcez; et je ne conçois pas

ACTE V, SCÈNE IV.

Le scrupule insensé qui le livre au trépas.
Tout couvert de son sang, je devais sur sa cendre
A mes vœux absolus vous forcer de vous rendre ;
Mais sachez qu'un barbare, un Scythe, un destructeur,
A quelques sentimens dignes de votre cœur.
Le destin, croyez-moi, nous devait l'un à l'autre ;
Et mon âme a l'orgueil de régner sur la vôtre.
Abjurez votre hymen, et dans le même temps
Je place votre fils au rang de mes enfans.
Vous tenez dans vos mains plus d'une destinée ;
Du rejeton des rois l'enfance condamnée,
Votre époux, qu'à la mort un mot peut arracher,
Les honneurs les plus hauts tout prêts à le chercher,
Le destin de son fils, le vôtre, le mien même,
Tout dépendra de vous, puisqu'enfin je vous aime.
Oui, je vous aime encor ; mais ne présumez pas
D'armer contre mes vœux l'orgueil de vos appas ;
Gardez-vous d'insulter à l'excès de faiblesse
Que déjà mon courroux reproche à ma tendresse.
C'est un danger pour vous que l'aveu que je fais :
Tremblez de mon amour, tremblez de mes bienfaits.
Mon âme à la vengeance est trop accoutumée ;
Et je vous punirais de vous avoir aimée.
Pardonnez : je menace encore en soupirant ;
Achevez d'adoucir ce courroux qui se rend.
Vous ferez d'un seul mot le sort de cet empire ;
Mais ce mot important, Madame, il faut le dire :
Prononcez sans tarder, sans feinte, sans détour,
Si je vous dois enfin ma haine ou mon amour.

IDAMÉ.

L'une et l'autre aujourd'hui serait trop condamnable ;
Votre haine est injuste et votre amour coupable ;
Cet amour est indigne et de vous et de moi :
Vous me devez justice ; et, si vous êtes roi,
Je la veux, je l'attends pour moi contre vous-même.
Je suis loin de braver votre grandeur suprême ;
Je la rappelle en vous, lorsque vous l'oubliez ;
Et vous-même en secret vous me justifiez.

GENGIS.

Eh bien ! vous le voulez ; vous choisissez ma haine,
Vous l'aurez ; et déjà je la retiens à peine :
Je ne vous connais plus ; et mon juste courroux
Me rend la cruauté que j'oubliais pour vous.
Votre époux, votre prince, et votre fils, cruelle,
Vont payer de leur sang votre fierté rebelle.
Ce mot que je voulais les a tous condamnés.
C'en est fait, et c'est vous qui les assassinez.

IDAMÉ.

Barbare !

GENGIS.

Je le suis ; j'allais cesser de l'être :
Vous aviez un amant, vous n'avez plus qu'un maître,
Un ennemi sanglant, féroce, sans pitié,
Dont la haine est égale à votre inimitié.

IDAMÉ.

Eh bien ! je tombe aux pieds de ce maître sévère :
Le Ciel l'a fait mon roi, Seigneur, je le révère ;
Je demande à genoux une grâce de lui.

ACTE V, SCÈNE IV.

GENGIS.

Inhumaine, est-ce à vous d'en attendre aujourd'hui ?
Levez-vous : je suis prêt encore à vous entendre.
Pourrai-je me flatter d'un sentiment plus tendre ?
Que voulez-vous ? parlez.

IDAMÉ.

Seigneur, qu'il soit permis
Qu'en secret mon époux près de moi soit admis,
Que je lui parle.

GENGIS.

Vous !

IDAMÉ.

Écoutez ma prière.
Cet entretien sera ma ressource dernière :
Vous jugerez après si j'ai dû résister.

GENGIS.

Non, ce n'était pas lui qu'il fallait consulter :
Mais je veux bien encor souffrir cette entrevue.
Je crois qu'à la raison son âme enfin rendue
N'osera plus prétendre à cet honneur fatal
De me désobéir et d'être mon rival.
Il m'enleva son prince, il vous a possédée.
Que de crimes ! sa grâce est encore accordée :
Qu'il la tienne de vous, qu'il vous doive son sort ;
Présentez à ses yeux le divorce ou la mort :
Oui ; j'y consens. Octar, veillez à cette porte.
Vous, suivez-moi. Quel soin m'abaisse et me transporte ?
Faut-il encore aimer ? est-ce là mon destin ?

(*Il sort.*)

IDAMÉ.
Je renais, et je sens s'affermir dans mon sein
Cette intrépidité dont je doutais encore.

SCÈNE V.

ZAMTI, IDAMÉ.

IDAMÉ.
O toi, qui me tiens lieu de ce Ciel que j'implore,
Mortel plus respectable et plus grand à mes yeux
Que tous ces conquérans dont l'homme a fait des dieux !
L'horreur de nos destins ne t'est que trop connue ;
La mesure est comblée, et notre heure est venue.

ZAMTI.
Je le sais.

IDAMÉ.
   C'est en vain que tu voulus deux fois
Sauver le rejeton de nos malheureux rois.

ZAMTI.
Il n'y faut plus penser, l'espérance est perdue ;
De tes devoirs sacrés tu remplis l'étendue :
Je mourrai consolé.

IDAMÉ.
   Que deviendra mon fils ?
Pardonne encor ce mot à mes sens attendris,
Pardonne à ces soupirs ; ne vois que mon courage.

ZAMTI.
Nos rois sont au tombeau, tout est dans l'esclavage.

ACTE V, SCÈNE V.

Va, crois-moi, ne plaignons que les infortunés
Qu'à respirer encor le Ciel a condamnés.

IDAMÉ.

La mort la plus honteuse est ce qu'on te prépare.

ZAMTI.

Sans doute; et j'attendais les ordres du barbare :
Ils ont tardé long-temps.

IDAMÉ.

Eh bien ! écoute-moi :
Ne saurons-nous mourir que par l'ordre du roi?
Les taureaux aux autels tombent en sacrifice ;
Les criminels tremblans sont traînés au supplice;
Les mortels généreux disposent de leur sort :
Pourquoi des mains d'un maître attendre ici la mort?
L'homme était-il donc né pour tant de dépendance ?
De nos voisins altiers imitons la constance;
De la nature humaine ils soutiennent les droits,
Vivent libres chez eux, et meurent à leur choix;
Un affront leur suffit pour sortir de la vie,
Et plus que le néant ils craignent l'infamie.
Le hardi Japonais n'attend pas qu'au cercueil
Un despote insolent le plonge d'un coup d'œil.
Nous avons enseigné ces braves insulaires;
Apprenons d'eux enfin des vertus nécessaires;
Sachons mourir comme eux.

ZAMTI.

Je t'approuve, et je crois
Que le malheur extrême est au-dessus des lois.
J'avais déjà conçu tes desseins magnanimes.

Mais seuls et désarmés, esclaves et victimes,
Courbés sous nos tyrans, nous attendons leurs coups.

IDAMÉ, *en tirant un poignard.*

Tiens, sois libre avec moi; frappe, et délivre-nous.

ZAMTI.

Ciel!

IDAMÉ.

Déchire ce sein, ce cœur qu'on déshonore.
J'ai tremblé que ma main, mal affermie encore,
Ne portât sur moi-même un coup mal assuré.
Enfonce dans ce cœur un bras moins égaré;
Immole avec courage une épouse fidèle;
Tout couvert de son sang, tombe et meurs auprès d'elle.
Qu'à mes derniers momens j'embrasse mon époux;
Que le tyran le voie, et qu'il en soit jaloux.

ZAMTI.

Grâce au Ciel, jusqu'au bout ta vertu persévère;
Voilà de ton amour la marque la plus chère.
Digne épouse, reçois mes éternels adieux;
Donne ce glaive, donne, et détourne les yeux.

IDAMÉ, *en lui donnant le poignard.*

Tiens, commence par moi; tu le dois: tu balances!

ZAMTI.

Je ne puis.

IDAMÉ.

Je le veux.

ZAMTI.

Je frémis.

ACTE V, SCÈNE VI.

IDAMÉ.

Tu m'offenses.
Frappe, et tourne sur toi tes bras ensanglantés.

ZAMTI.

Eh bien ! imite-moi.

IDAMÉ, *lui saisissant le bras.*

Frappe, dis-je....

SCÈNE VI.

GENGIS, OCTAR, IDAMÉ, ZAMTI, GARDES.

GENGIS, *accompagné de ses gardes, et désarmant Zamti.*

Arrêtez,
Arrêtez malheureux ! O Ciel ! qu'alliez-vous faire ?

IDAMÉ.

Nous délivrer de toi, finir notre misère,
A tant d'atrocités dérober notre sort.

ZAMTI.

Veux-tu nous envier jusques à notre mort ?

GENGIS.

Oui... Dieu, maître des rois, à qui mon cœur s'adresse,
Témoin de mes affronts, témoin de ma faiblesse,
Toi qui mis à mes pieds tant d'états, tant de rois,
Deviendrai-je à la fin digne de mes exploits ?
Tu m'outrages, Zamti ; tu l'emportes encore
Dans un cœur né pour moi, dans un cœur que j'adore.
Ton épouse à mes yeux, victime de sa foi,
Veut mourir de ta main plutôt que d'être à moi.

Vous apprendrez tous deux à souffrir mon empire,
Peut-être à faire plus.
IDAMÉ.
Que prétends-tu nous dire?
ZAMTI.
Quel est ce nouveau trait de l'inhumanité?
IDAMÉ.
D'où vient que notre arrêt n'est pas encor porté?
GENGIS.
Il va l'être, Madame, et vous allez l'apprendre.
Vous me rendiez justice, et je vais vous la rendre.
A peine dans ces lieux je crois ce que j'ai vu :
Tous deux je vous admire, et vous m'avez vaincu.
Je rougis, sur le trône où m'a mis la victoire,
D'être au-dessous de vous au milieu de ma gloire.
En vain par mes exploits j'ai su me signaler ;
Vous m'avez avili : je veux vous égaler.
J'ignorais qu'un mortel pût se dompter lui-même ;
Je l'apprends ; je vous dois cette gloire suprême :
Jouissez de l'honneur d'avoir pu me changer.
Je viens vous réunir ; je viens vous protéger.
Veillez, heureux époux, sur l'innocente vie
De l'enfant de vos rois, que ma main vous confie ;
Par le droit des combats j'en pouvais disposer ;
Je vous remets ce droit dont j'allais abuser.
Croyez qu'à cet enfant, heureux dans sa misère,
Ainsi qu'à votre fils, je tiendrai lieu de père.
Vous verrez si l'on peut se fier à ma foi.
Je fus un conquérant, vous m'avez fait un roi.

ACTE V, SCÈNE VI.

(*à Zamti.*)

Soyez ici des lois l'interprète suprême,
Rendez leur ministère aussi saint que vous-même ;
Enseignez la raison, la justice, et les mœurs.
Que les peuples vaincus gouvernent les vainqueurs ;
Que la sagesse règne, et préside au courage ;
Triomphez de la force, elle vous doit hommage :
J'en donnerai l'exemple, et votre souverain
Se soumet à vos lois les armes à la main.

IDAMÉ.

Ciel! que viens-je d'entendre? Hélas! puis-je vous croire?

ZAMTI.

Êtes-vous digne enfin, Seigneur, de votre gloire ?
Ah! vous ferez aimer votre joug aux vaincus.

IDAMÉ.

Qui peut vous inspirer ce dessein ?

GENGIS.

                        Vos vertus.

FIN DE L'ORPHELIN DE LA CHINE.

TANCRÈDE,
TRAGÉDIE.

PERSONNAGES.

ARGIRE,
TANCRÈDE,
ORBASSAN, } chevaliers.
LORÉDAN,
CATANE,
ALDAMON, soldat.
AMÉNAIDE, fille d'Argire.
FANIE, suivante d'Aménaïde.
PLUSIEURS CHEVALIERS, assistant au conseil.
ÉCUYERS, SOLDATS, PEUPLE.

(*La scène est à Syracuse, d'abord dans le palais d'Argire et dans une salle du conseil, ensuite dans la place publique sur laquelle cette salle est construite. L'époque de l'action est de l'année 1005. Les Sarrasins d'Afrique avaient conquis toute la Sicile au neuvième siècle; Syracuse avait secoué leur joug. Des gentilshommes normands commençaient à s'établir vers Salerne, dans la Pouille. Les empereurs grecs possédaient Messine; les Arabes tenaient Palerme et Agrigente.*)

TANCRÈDE,
TRAGÉDIE.

ACTE PREMIER.

SCÈNE PREMIÈRE.

ASSEMBLÉE DES CHEVALIERS RANGÉS EN DEMI-CERCLE.

ARGIRE.

Illustres chevaliers, vengeurs de la Sicile,
Qui daignez, par égard au déclin de mes ans,
Vous assembler chez moi pour chasser nos tyrans,
Et former un état triomphant et tranquille ;
Syracuse en ses murs a gémi trop long-temps
Des desseins avortés d'un courage inutile.
Il est temps de marcher vers ces fiers musulmans ;
Il est temps de sauver d'un naufrage funeste
Le plus grand de nos biens, le plus cher qui nous reste,
Le droit le plus sacré des mortels généreux,
La liberté : c'est là que tendent tous nos vœux.
Deux puissans ennemis de notre république,
Des droits des nations, du bonheur des humains,
Les Césars de Byzance, et les fiers Sarrasins,
Nous menacent encor de leur joug tyrannique :

Ces despotes altiers, partageant l'univers,
Se disputent l'honneur de nous donner des fers.
Le Grec a sous ses lois les peuples de Messine ;
Le hardi Solamir insolemment domine
Sur les fertiles champs couronnés par l'Etna,
Dans les murs d'Agrigente, aux campagnes d'Enna ;
Et tout de Syracuse annonçait la ruine.
Mais nos communs tyrans, l'un de l'autre jaloux,
Armés pour nous détruire, ont combattu pour nous ;
Ils ont perdu leur force en disputant leur proie.
A notre liberté le Ciel ouvre une voie ;
Le moment est propice, il faut en profiter.
La grandeur musulmane est à son dernier âge ;
On commence en Europe à la moins redouter.
Dans la France un Martel, en Espagne un Pélage,
Le grand Léon [1] dans Rome, armé d'un saint courage,

[1] Par le grand Léon, M. de Voltaire entend Léon IV, et non le pape Léon I, connu dans les cloîtres sous le nom de saint Léon, de Léon-le-Grand. Ce saint Léon est le premier pape qui ait approuvé le supplice des hérétiques. Il dit dans ses lettres que le tyran Maxime, en punissant de mort Priscillien, a rendu un grand service à l'Église ; et il poursuivit avec violence ce qui restait de priscillianistes en Espagne. Les légendaires racontent qu'un jour une femme lui ayant baisé la main, il sentit un mouvement de concupiscence ; qu'en conséquence il se coupa la main. Mais la vierge la lui rendit quelques jours après, afin qu'il pût célébrer la messe. C'est depuis ce temps qu'on baise les pieds du pape, attendu que, le pied étant enveloppé d'une pantoufle, le saint-père court moins de risque d'être obligé de se le couper. On sent bien que ce n'est pas à ce pape que M. de Voltaire a voulu

Nous ont assez appris comme on peut la dompter.
    Je sais qu'aux factions Syracuse livrée
N'a qu'une liberté faible et mal assurée.
Je ne veux point ici vous rappeler ces temps
Où nous tournions sur nous nos armes criminelles,
Où l'état répandait le sang de ses enfans.
Étouffons dans l'oubli nos indignes querelles.
Orbassan, qu'il ne soit qu'un parti parmi nous,
Celui du bien public et du salut de tous.
Que de notre union l'état puisse renaître;
Et, si de nos égaux nous fûmes trop jaloux,
Vivons et périssons sans avoir eu de maître.

ORBASSAN.

Argire, il est trop vrai que les divisions
Ont régné trop long-temps entre nos deux maisons :
L'état en fut troublé; Syracuse n'aspire
Qu'à voir les Orbassans unis au sang d'Argire.
Aujourd'hui l'un par l'autre il faut nous protéger.
En citoyen zélé j'accepte votre fille ;
Je servirai l'état, vous, et votre famille ;
Et, du pied des autels où je vais m'engager,
Je marche à Solamir, et je cours vous venger.
Mais ce n'est pas assez de combattre le Maure ;
Sur d'autres ennemis il faut jeter les yeux :
Il fut d'autres tyrans non moins pernicieux,
Que peut-être un vil peuple ose chérir encore.

donner le nom de Grand. D'ailleurs saint Léon vivait plusieurs siècles avant l'époque où la tragédie de Tancrède est placée.

4. — Chefs-d'œuvre de Volt.

De quel droit les Français, portant partout leurs pas,
Se sont-ils établis dans nos riches climats?
De quel droit un Coucy [1] vint-il dans Syracuse,
Des rives de la Seine aux bords de l'Aréthuse?
D'abord modeste et simple, il voulut nous servir;
Bientôt fier et superbe, il se fit obéir.
Sa race accumulant d'immenses héritages,
Et d'un peuple ébloui maîtrisant les suffrages,
Osa sur ma famille élever sa grandeur.
Nous l'en avons punie, et, malgré sa faveur,
Nous voyons ses enfans bannis de nos rivages.
Tancrède [2], un rejeton de ce sang dangereux,
Des murs de Syracuse éloigné dès l'enfance,
A servi, nous dit-on, les Césars de Byzance:
Il est fier, outragé, sans doute valeureux;
Il doit haïr nos lois, il cherche la vengeance.
Tout Français est à craindre : on voit même en nos jours
Trois simples écuyers [3], sans biens et sans secours,
Sortis des flancs glacés de l'humide Neustrie [4],
Aux champs [5] apuliens se faire une patrie;
Et, n'ayant pour tout droit que celui des combats,

---

[1] Un seigneur de Coucy s'établit en Sicile, du temps de Charles-le-Chauve.

[2] Ce n'est pas Tancrède de Hauteville, qui n'alla en Italie que quelque temps après.

[3] Les premiers Normands qui passèrent dans la Pouille, Drogon, Baterie et Ripostel.

[4] La Normandie.

[5] Le pays de Naples.

Chasser les possesseurs, et fonder des états.
Grecs, Arabes, Français, Germains, tout nous dévore ;
Et nos champs, malheureux par leur fécondité,
Appellent l'avarice et la rapacité
Des brigands du midi, du nord, et de l'aurore.
Nous devons nous défendre ensemble et nous venger.
J'ai vu plus d'une fois Syracuse trahie ;
Maintenons notre loi, que rien ne doit changer :
Elle condamne à perdre et l'honneur et la vie
Quiconque entretiendrait avec nos ennemis
Un commerce secret, fatal à son pays.
A l'infidélité l'indulgence encourage ;
On ne doit épargner ni le sexe ni l'âge.
Venise ne fonda sa fière autorité
Que sur la défiance et la sévérité :
Imitons sa sagesse en perdant les coupables.

LORÉDAN.

Quelle honte en effet, dans nos jours déplorables,
Que Solamir, un Maure, un chef des musulmans,
Dans la Sicile encore ait tant de partisans !
Que partout dans cette île et guerrière et chrétienne,
Que même parmi nous Solamir entretienne
Des sujets corrompus vendus à ses bienfaits !
Tantôt chez les Césars occupé de nous nuire,
Tantôt dans Syracuse ayant su s'introduire,
Nous préparant la guerre, et nous offrant la paix,
Et pour nous désunir soigneux de nous séduire !
Un sexe dangereux, dont les faibles esprits
D'un peuple encor plus faible attirent les hommages,

Toujours des nouveautés et des héros épris,
A ce Maure imposant prodigua ses suffrages.
Combien de citoyens aujourd'hui prévenus
Par ces arts séduisans [1] que l'Arabe cultive !
Arts trop pernicieux, dont l'éclat les captive,
A nos vrais chevaliers noblement inconnus.
Que notre art soit de vaincre, et je n'en veux point
    d'autre.
J'espère en ma valeur, j'attends tout de la vôtre ;
Et j'approuve surtout cette sévérité
Vengeresse des lois et de la liberté.
Pour détruire l'Espagne il a suffi d'un traître [2] :
Il en fut parmi nous ; chaque jour en voit naître.
Mettons un frein terrible à l'infidélité ;
Au salut de l'état que toute pitié cède ;
Combattons Solamir, et proscrivons Tancrède.
Tancrède, né d'un sang parmi nous détesté,
Est plus à craindre encor pour notre liberté.
Dans le dernier conseil un décret juste et sage
Dans les mains d'Orbassan remit son héritage,
Pour confondre à jamais nos ennemis cachés,
A ce nom de Tancrède en secret attachés ;
Du vaillant Orbassan c'est le juste partage,
Sa dot, sa récompense.

CATANE.

        Oui, nous y souscrivons.

[1] En ce temps les Arabes cultivaient seuls les sciences en Occident, et ce sont eux qui fondèrent l'école de Salerne.
[2] Le comte Julien, ou l'archevêque Opas.

Que Tancrède, s'il veut, soit puissant à Byzance;
Qu'une cour odieuse honore sa vaillance;
Il n'a rien à prétendre aux lieux où nous vivons.
Tancrède, en se donnant un maître despotique,
A renoncé lui-même à nos sacrés remparts :
Plus de retour pour lui; l'esclave des Césars
Ne doit rien posséder dans une république.
Orbassan de nos lois est le plus ferme appui,
Et l'état, qu'il soutient, ne pouvait moins pour lui;
Tel est mon sentiment.

ARGIRE.

Je vois en lui mon gendre;
Ma fille m'est bien chère, il est vrai; mais enfin
Je n'aurais point pour eux dépouillé l'orphelin :
Vous savez qu'à regret on m'y vit condescendre.

LORÉDAN.

Blâmez-vous le sénat?

ARGIRE.

Non; je hais la rigueur;
Mais toujours à la loi je fus prêt à me rendre,
Et l'intérêt commun l'emporta dans mon cœur.

ORBASSAN.

Ces biens sont à l'état, l'état seul doit les prendre.
Je n'ai point recherché cette faible faveur.

ARGIRE.

N'en parlons plus. Hâtons cet heureux hyménée;
Qu'il amène demain la brillante journée
Où ce chef arrogant d'un peuple destructeur,
Solamir, à la fin, doit connaitre un vainqueur.

Votre rival en tout, il osa bien prétendre,
En nous offrant la paix, à devenir mon gendre [1];
Il pensait m'honorer par cet hymen fatal.
Allez.... dans tous les temps triomphez d'un rival.
Mes amis, soyez prêts.... ma faiblesse et mon âge
Ne me permettent plus l'honneur de commander;
A mon gendre Orbassan vous daignez l'accorder.
Vous suivre est pour mes ans un assez beau partage;
Je serai près de vous; j'aurai cet avantage:
Je sentirai mon cœur encor se ranimer;
Mes yeux seront témoins de votre fier courage,
Et vous auront vu vaincre avant de se fermer.

LORÉDAN.

Nous combattrons sous vous, Seigneur: nous osons croire
Que ce jour, quel qu'il soit, nous sera glorieux;
Nous nous promettons tous l'honneur de la victoire,
Ou l'honneur consolant de mourir à vos yeux.

SCÈNE II.

ARGIRE, ORBASSAN.

ARGIRE.

Eh bien! brave Orbassan, suis-je enfin votre père?
Tous vos ressentimens sont-ils bien effacés?

---

[1] Il était très-commun de marier des chrétiennes à des musulmans; et Abdalise, le fils de Musa, conquérant de l'Espagne, épousa la fille du roi Rodrigue. Cet exemple fut imité dans tous les pays où les Arabes portèrent leurs armes victorieuses.

Pourrai-je en vous d'un fils trouver le caractère ?
Dois-je compter sur vous ?

ORBASSAN.

Je vous l'ai dit assez :
J'aime l'état, Argire ; il nous réconcilie.
Cet hymen nous rapproche, et la raison nous lie ;
Mais le nœud qui nous joint n'eût pas été formé,
Si dans notre querelle, à jamais assoupie,
Mon cœur qui vous haït ne vous eût estimé.
L'amour peut avoir part à ma nouvelle chaîne ;
Mais un si noble hymen ne sera point le fruit
D'un feu né d'un instant, qu'un autre instant détruit,
Que suit l'indifférence et trop souvent la haine.
Ce cœur, que la patrie appelle aux champs de Mars,
Ne sait point soupirer au milieu des hasards.
Mon hymen a pour but l'honneur de vous complaire,
Notre union naissante, à tous deux nécessaire,
La splendeur de l'état, votre intérêt, le mien ;
Devant de tels objets l'amour a peu de charmes.
Il pourra resserrer un si noble lien ;
Mais sa voix doit ici se taire au bruit des armes.

ARGIRE.

J'estime en un soldat cette mâle fierté ;
Mais la franchise plaît, et non l'austérité.
J'espère que bientôt ma chère Aménaïde
Pourra fléchir en vous ce courage rigide.
C'est peu d'être un guerrier ; la modeste douceur
Donne un prix aux vertus, et sied à la valeur.
Vous sentez que ma fille au sortir de l'enfance,

Dans nos temps orageux de trouble et de malheur,
Par sa mère élevée à la cour de Byzance,
Pourrait s'effaroucher de ce sévère accueil,
Qui tient de la rudesse, et ressemble à l'orgueil.
Pardonnez aux avis d'un vieillard et d'un père.

ORBASSAN.

Vous-même pardonnez à mon humeur austère :
Élevé dans nos camps, je préférai toujours
A ce mérite faux des politesses vaines,
A cet art de flatter, à cet esprit des cours,
La grossière vertu des mœurs républicaines :
Mais je sais respecter la naissance et le rang
D'un estimable objet formé de votre sang ;
Je prétends par mes soins mériter qu'elle m'aime,
Vous regarder en elle, et m'honorer moi-même.

ARGIRE.

Par mon ordre en ces lieux elle avance vers vous.

SCÈNE III.

ARGIRE, ORBASSAN, AMÉNAIDE.

ARGIRE.

Le bien de cet état, les voix de Syracuse,
Votre père, le Ciel, vous donnent un époux ;
Leurs ordres réunis ne souffrent point d'excuse.
Ce noble chevalier, qui se rejoint à moi,
Aujourd'hui par ma bouche a reçu votre foi.
Vous connaissez son nom, son rang, sa renommée ;

ACTE I, SCÈNE III.

Puissant dans Syracuse, il commande l'armée :
Tous les droits de Tancrède entre ses mains remis....

AMÉNAÏDE, *à part.*

De Tancrède !

ARGIRE.

A mes yeux sont le moins digne prix
Qui relève l'éclat d'une telle alliance.

ORBASSAN.

Elle m'honore assez, Seigneur; et sa présence
Rend plus cher à mon cœur le don que je reçois.
Puissé-je, en méritant vos bontés et son choix,
Du bonheur de tous trois confirmer l'espérance.

AMÉNAÏDE.

Mon père, en tous les temps je sais que votre cœur
Sentit tous mes chagrins, et voulut mon bonheur.
Votre choix me destine un héros en partage;
Et quand ces longs débats qui troublèrent vos jours,
Grâce à votre sagesse, ont terminé leur cours,
Du nœud qui vous rejoint votre fille est le gage;
D'une telle union je conçois l'avantage.
Orbassan permettra que ce cœur étonné,
Qu'opprima dès l'enfance un sort toujours contraire,
Par ce changement même au trouble abandonné,
Se recueille un moment dans le sein de son père.

ORBASSAN.

Vous le devez, Madame, et loin de m'opposer
A de tels sentimens, dignes de mon estime,
Loin de vous détourner d'un soin si légitime,
Des droits que j'ai sur vous je craindrais d'abuser

J'ai quitté nos guerriers, je revole à leur tête :
C'est peu d'un tel hymen, il le faut mériter
La victoire en rend digne; et j'ose me flatter
Que bientôt des lauriers en orneront la fête.

SCÈNE IV.

ARGIRE, AMÉNAIDE.

ARGIRE.

Vous semblez interdite; et vos yeux pleins d'effroi,
De larmes obscurcis, se détournent de moi.
Vos soupirs étouffés semblent me faire injure :
La bouche obéit mal lorsque le cœur murmure.

AMÉNAÏDE.

Seigneur, je l'avoûrai, je ne m'attendais pas
Qu'après tant de malheurs, et de si longs débats,
Le parti d'Orbassan dût être un jour le vôtre;
Que mes tremblantes mains uniraient l'un et l'autre,
Et que votre ennemi dût passer dans mes bras.
Je n'oublîrai jamais que la guerre civile
Dans vos propres foyers vous priva d'un asile;
Que ma mère, à regret évitant le danger,
Chercha loin de nos murs un rivage étranger;
Que des bras paternels avec elle arrachée,
A ses tristes destins dans Byzance attachée,
J'ai partagé long-temps les maux qu'elle a soufferts.
Au sortir du berceau j'ai connu les revers :
J'appris sous une mère, abandonnée, errante,
A supporter l'exil et le sort des proscrits,

ACTE I, SCÈNE IV.

L'accueil impérieux d'une cour arrogante,
Et la fausse pitié, pire que les mépris,
Dans un sort avili noblement élevée,
De ma mère bientôt cruellement privée,
Je me vis seule au monde, en proie à mon effroi,
Roseau faible et tremblant, n'ayant d'appui que moi.
Notre destin changea. Syracuse en alarmes
Vous remit dans vos biens, vous rendit vos honneurs,
Se reposa sur vous du destin de ses armes,
Et de ses murs sanglans repoussa les vainqueurs.
Dans le sein paternel je me vis rappelée;
Un malheur inouï m'en avait exilée :
Peut-être j'y reviens pour un malheur nouveau.
Vos mains de mon hymen allument le flambeau.
Je sais quel intérêt, quel espoir vous anime;
Mais de vos ennemis je me vis la victime.
Je suis enfin la vôtre; et ce jour dangereux
Peut-être de nos jours sera le plus affreux.

ARGIRE.

Il sera fortuné, c'est à vous de m'en croire.
Je vous aime, ma fille, et j'aime votre gloire.
On a trop murmuré quand ce fier Solamir,
Pour le prix de la paix qu'il venait nous offrir,
Osa me proposer de l'accepter pour gendre;
Je vous donne au héros qui marche contre lui,
Au plus grand des guerriers armés pour nous défendre,
Autrefois mon émule, à présent notre appui.

AMÉNAÏDE.

Quel appui! vous vantez sa superbe fortune;

Mes vœux plus modérés la voudraient plus commune :
Je voudrais qu'un héros si fier et si puissant
N'eût point, pour s'agrandir, dépouillé l'innocent.

ARGIRE.

Du conseil, il est vrai, la prudence sévère
Veut punir dans Tancrède une race étrangère :
Elle abusa long-temps de son autorité ;
Elle a trop d'ennemis.

AMÉNAÏDE.

    Seigneur, ou je m'abuse,
Ou Tancrède est encore aimé dans Syracuse.

ARGIRE.

Nous rendons tous justice à son cœur indompté ;
Sa valeur a, dit-on, subjugué l'Illyrie ;
Mais plus il a servi sous l'aigle des Césars,
Moins il doit espérer de revoir sa patrie :
Il est par un décret chassé de nos remparts.

AMÉNAÏDE.

Pour jamais ! lui ? Tancrède ?

ARGIRE.

    Oui, l'on craint sa présence ;
Et si vous l'avez vu dans les murs de Byzance,
Vous savez qu'il nous hait.

AMÉNAÏDE.

    Je ne le croyais pas.
Ma mère avait pensé qu'il pouvait être encore
L'appui de Syracuse et le vainqueur du Maure ;
Et lorsque dans ces lieux des citoyens ingrats
Pour ce fier Orbassan contre vous s'animèrent ;

ACTE I, SCÈNE IV.

Qu'ils ravirent vos biens, et qu'ils vous opprimèrent,
Tancrède aurait pour vous affronté le trépas.
C'est tout ce que j'ai su.

ARGIRE.
C'est trop, Aménaïde :
Rendez-vous aux conseils d'un père qui vous guide ;
Conformez-vous au temps, conformez-vous aux lieux.
Solamir, et Tancrède, et la cour de Byzance,
Sont tous également en horreur à nos yeux.
Votre bonheur dépend de votre complaisance.
J'ai pendant soixante ans combattu pour l'état ;
Je le servis injuste, et le chéris ingrat :
Je dois penser ainsi jusqu'à ma dernière heure.
Prenez mes sentimens ; et, devant que je meure,
Consolez mes vieux ans dont vous faites l'espoir.
Je suis prêt à finir une vie orageuse :
La vôtre doit couler sous les lois du devoir ;
Et je mourrai content si vous vivez heureuse.

AMÉNAÏDE.
Ah, Seigneur! croyez-moi, parlez moins de bonheur.
Je ne regrette point la cour d'un empereur.
Je vous ai consacré mes sentimens, ma vie ;
Mais pour en disposer, attendez quelques jours.
Au crédit d'Orbassan trop d'intérêt vous lie :
Ce crédit si vanté doit-il durer toujours ?
Il peut tomber : tout change ; et ce héros peut-être
S'est trop tôt déclaré votre gendre et mon maître.

ARGIRE.
Comment? que dites-vous ?

AMÉNAÏDE.

     Cette témérité
Vous offense peut-être, et vous semble une injure.
Je sais que dans les cours mon sexe plus flatté
Dans votre république a moins de liberté :
A Byzance on le sert ; ici la loi plus dure
Veut de l'obéissance, et défend le murmure.
Les musulmans altiers, trop long-temps vos vain-
  queurs,
Ont changé la Sicile, ont endurci vos mœurs :
Mais qui peut altérer vos bontés paternelles ?

ARGIRE.

Vous seule, vous, ma fille, en abusant trop d'elles.
De tout ce que j'entends mon esprit est confus :
J'ai permis vos délais, mais non pas vos refus.
La loi ne peut plus rompre un nœud si légitime :
La parole est donnée ; y manquer est un crime.
Vous me l'avez bien dit, je suis né malheureux :
Jamais aucun succès n'a couronné mes vœux.
Tous les jours de ma vie ont été des orages.
Dieu puissant ! détournez ces funestes présages ;
Et puisse Aménaïde, en formant ces liens,
Se préparer des jours moins tristes que les miens !

SCÈNE V.

AMÉNAIDE.

Tancrède, cher amant ! moi, j'aurais la faiblesse
De trahir mes sermens pour ton persécuteur !

Plus cruelle que lui, perfide avec bassesse,
Partageant ta dépouille avec cet oppresseur,
Je pourrais....

SCÈNE VI.

AMÉNAÏDE, FANIE.

AMÉNAÏDE.

Viens, approche, ô ma chère Fanie!
Vois le trait détesté qui m'arrache la vie.
Orbassan par mon père est nommé mon époux.

FANIE.

Je sens combien cet ordre est douloureux pour vous.
J'ai vu vos sentimens, j'en ai connu la force.
Le sort n'eut point de traits, la cour n'eut point d'a-
  morce,
Qui pussent arrêter ou détourner vos pas,
Quand la route par vous fut une fois choisie.
Votre cœur s'est donné, c'est pour toute la vie.
Tancrède et Solamir, touchés de vos appas,
Dans la cour des Césars en secret soupirèrent:
Mais celui que vos yeux justement distinguèrent,
Qui seul obtint vos vœux, qui sut les mériter,
En sera toujours digne; et, puisque dans Byzance,
Sur le fier Solamir il eut la préférence,
Orbassan dans ces lieux ne pourra l'emporter:
Votre âme est trop constante.

AMÉNAÏDE.

Ah! tu n'en peux douter.
On dépouille Tancrède, on l'exile, on l'outrage:

C'est le sort d'un héros d'être persécuté ;
Je sens que c'est le mien de l'aimer davantage.
Écoute : dans ces murs Tancrède est regretté ;
Le peuple le chérit.

FANIE.

Banni dans son enfance,
De son père oublié les fastueux amis
Ont bientôt à son sort abandonné le fils.
Peu de cœurs comme vous tiennent contre l'absence.
A leurs seuls intérêts les grands sont attachés.
Le peuple est plus sensible.

AMÉNAÏDE.

Il est aussi plus juste.

FANIE.

Mais il est asservi : nos amis sont cachés ;
Aucun n'ose parler pour ce proscrit auguste.
Un sénat tyrannique est ici tout-puissant.

AMÉNAÏDE.

Oui, je sais qu'il peut tout quand Tancrède est absent.

FANIE.

S'il pouvait se montrer, j'espérerais encore ;
Mais il est loin de vous.

AMÉNAÏDE.

Juste Ciel, je t'implore !

(à Fanie.)

Je me confie à toi. Tancrède n'est pas loin ;
Et quand de l'écarter on prend l'indigne soin,
Lorsque la tyrannie au comble est parvenue,
Il est temps qu'il paraisse, et qu'on tremble à sa vue.
Tancrède est dans Messine.

FANIE.

Est-il vrai? justes cieux!
Et cet indigne hymen est formé sous ses yeux!

AMÉNAÏDE.

Il ne le sera pas.... non, Fanie; et peut-être
Mes oppresseurs et moi nous n'aurons plus qu'un maître.
Viens.... je t'apprendrai tout.... mais il faut tout oser:
Le joug est trop honteux; ma main doit le briser.
La persécution enhardit ma faiblesse.
Le trahir est un crime, obéir est bassesse.
S'il vient c'est pour moi seule, et je l'ai mérité:
Et moi, timide esclave à son tyran promise,
Victime malheureuse indignement soumise,
Je mettrais mon devoir dans l'infidélité!
Non, l'amour à mon sexe inspire le courage :
C'est à moi de hâter ce fortuné retour;
Et s'il est des dangers que ma crainte envisage,
Ces dangers me sont chers, ils naissent de l'amour.

FIN DU PREMIER ACTE.

ACTE II.

SCÈNE PREMIÈRE.

AMÉNAIDE.

Où porté-je mes pas !... d'où vient que je frissonne ?
Moi, des remords ?... qui, moi ? le crime seul les donne.
Ma cause est juste.... O cieux ! protégez mes desseins.
(*à Fanie qui entre.*)
Allons, rassurons-nous.... Suis-je en tout obéie ?

FANIE.

Votre esclave est parti ; la lettre est dans ses mains.

AMÉNAÏDE.

Il est maître, il est vrai, du secret de ma vie ;
Mais je connais son zèle : il m'a toujours servie.
On doit tout quelquefois aux derniers des humains.
Né d'aïeux musulmans chez les Syracusains,
Instruit dans les deux lois, et dans les deux langages,
Du camp des Sarrasins il connaît les passages,
Et des monts de l'Etna les plus secrets chemins.
C'est lui qui découvrit, par une course utile,
Que Tancrède en secret a revu la Sicile ;
C'est lui par qui le Ciel vient changer nos destins.
Ma lettre, par ses soins remise aux mains d'un Maure,
Dans Messine demain doit être avant l'aurore.
Des Maures et des Grecs les besoins mutuels

ACTE II, SCÈNE I.

Ont toujours conservé, dans cette longue guerre,
Une correspondance à tous deux nécessaire;
Tant la nature unit les malheureux mortels!

FANIE.

Ce pas est dangereux; mais le nom de Tancrède,
Ce nom si redoutable à qui tout autre cède,
Et qu'ici nos tyrans ont toujours eu horreur,
Ce beau nom que l'amour grava dans votre cœur,
N'est point dans cette lettre à Tancrède adressée;
Si vous l'avez toujours présent à la pensée,
Vous avez su du moins le taire en écrivant.
Au camp des Sarrasins votre lettre portée
Vainement serait lue, ou serait arrêtée.
Enfin, jamais l'amour ne fut moins imprudent,
Ne sut mieux se voiler dans l'ombre du mystère,
Et ne fut plus hardi sans être téméraire.
Je ne puis cependant vous cacher mon effroi.

AMÉNAÏDE.

Le Ciel jusqu'à présent semble veiller sur moi :
Il ramène Tancrède, et tu veux que je tremble ?

FANIE.

Hélas! qu'en d'autres lieux sa bonté vous rassemble.
La haine et l'intérêt s'arment trop contre lui :
Tout son parti se tait; qui sera son appui?

AMÉNAÏDE.

Sa gloire. Qu'il se montre, il deviendra le maître.
Un héros qu'on opprime attendrit tous les cœurs;
Il les anime tous, quand il vient à paraître.

FANIE.

Son rival est à craindre.

AMÉNAÏDE.
                        Ah! combats ces terreurs,
Et ne m'en donne point. Souviens-toi que ma mère
Nous unit l'un et l'autre à ses derniers momens ;
Que Tancrède est à moi ; qu'aucune loi contraire
Ne peut rien sur nos vœux et sur nos sentimens.
Hélas ! nous regrettions cette île si funeste.
Dans le sein de la gloire et des murs des Césars ,
Vers ces champs trop aimés qu'aujourd'hui je déteste,
Nous tournions tristement nos avides regards.
J'étais loin de penser que le sort qui m'obsède
Me gardât pour époux l'oppresseur de Tancrède,
Et que j'aurais pour dot l'exécrable présent
Des biens qu'un ravisseur enlève à mon amant.
Il faut l'instruire au moins d'une telle injustice ;
Qu'il apprenne de moi sa perte et mon supplice ;
Qu'il hâte son retour, et défende ses droits.
Pour venger un héros je fais ce que je dois.
Ah ! si je le pouvais, j'en ferais davantage.
J'aime, je crains un père, et respecte son âge ;
Mais je voudrais armer nos peuples soulevés
Contre cet Orbassan qui nous a captivés.
D'un brave chevalier sa conduite est indigne :
Intéressé, cruel, il prétend à l'honneur !
Il croit d'un peuple libre être le protecteur !
Il ordonne ma honte, et mon père la signe !
Et je dois la subir, et je dois me livrer
Au maître impérieux qui pense m'honorer !
Hélas ! dans Syracuse on hait la tyrannie ;

Mais la plus exécrable et la plus impunie
Est celle qui commande et la haine et l'amour,
Et qui veut nous forcer de changer en un jour.
Le sort en est jeté.

FANIE.
Vous aviez paru craindre.

AMÉNAÏDE.
Je ne crains plus.

FANIE.
On dit qu'un arrêt redouté
Contre Tancrède même est aujourd'hui porté :
Il y va de la vie à qui le veut enfreindre.

AMÉNAÏDE.
Je le sais : mon esprit en fut épouvanté :
Mais l'amour est bien faible alors qu'il est timide.
J'adore, tu le sais, un héros entrépide ;
Comme lui je dois l'être.

FANIE.
Une loi de rigueur
Contre vous, après tout, serait-elle écoutée ?
Pour effrayer le peuple elle paraît dictée.

AMÉNAÏDE.
Elle attaque Tancrède ; elle me fait horreur.
Que cette loi jalouse est digne de nos maîtres !
Ce n'était point ainsi que ses braves ancêtres,
Ces généreux Français, ces illustres vainqueurs,
Subjuguaient l'Italie, et conquéraient les cœurs.
On aimait leur franchise, on redoutait leurs armes ;
Des soupçons n'entraient point dans leurs esprits altiers.

L'honneur avait uni tous ces grands chevaliers :
Chez les seuls ennemis ils portaient les alarmes,
Et le peuple, amoureux de leur autorité,
Combattait pour la gloire et pour la liberté.
Ils abaissaient les Grecs, ils triomphaient du Maure.
Aujourd'hui je ne vois qu'un sénat ombrageux,
Toujours en défiance, et toujours orageux,
Qui lui-même se craint, et que le peuple abhorre.
Je ne sais si mon cœur est trop plein de ses feux;
Trop de prévention peut-être me possède;
Mais je ne puis souffrir ce qui n'est pas Tancrède :
La foule des humains n'existe point pour moi;
Son nom seul en ces lieux dissipe mon effroi,
Et tous ses ennemis irritent ma colère.

SCÈNE II.

AMÉNAÏDE, FANIE, *sur le devant;* ARGIRE,
LES CHEVALIERS, *au fond.*

ARGIRE.

Chevaliers.... je succombe à cet excès d'horreur.
Ah! j'espérais du moins mourir sans déshonneur.
   (*à sa fille, avec des sanglots mêlés de colère.*)
Retirez-vous...sortez.

AMÉNAÏDE.

Qu'entends-je?vous, mon père!

ARGIRE.

Moi, ton père!... est-ce à toi de prononcer ce nom,
Quand tu trahis ton sang, ton pays, ta maison ?

AMÉNAÏDE, *faisant un pas, appuyée sur Fanie.*
Je suis perdue!...

ARGIRE.

Arréte.... ah! trop chère victime!
Qu'as-tu fait?...

AMÉNAÏDE, *pleurant.*

Nos malheurs...

ARGIRE.

Pleures-tu sur ton crime?

AMÉNAÏDE.

Je n'en ai point commis.

ARGIRE.

Quoi! tu démens ton seing?

AMÉNAÏDE.

Non....

ARGIRE.

Tu vois que le crime est écrit de ta main.
Tout sert à m'accabler, tout sert à te confondre.
Ma fille!... il est donc vrai?... tu n'oses me répondre.
Laisse au moins dans le doute un père au désespoir.
J'ai vécu trop long-temps... Qu'as-tu fait?

AMÉNAÏDE.

Mon devoir.

Aviez-vous fait le vôtre?

ARGIRE.

Ah! c'en est trop, cruelle:
Oses-tu te vanter d'être si criminelle?
Laisse-moi, malheureuse; ôte-toi de ces lieux:
Va, sors.... une autre main saura fermer mes yeux.

AMÉNAÏDE, *sort presque évanouie entre les bras de Fanie.*

Je me meurs.

SCÈNE III.

ARGIRE, LES CHEVALIERS.

ARGIRE.

Mes amis, dans une telle injure....
Après son aveu même.... après ce crime affreux....
Excusez d'un vieillard les sanglots douloureux....
Je dois tout à l'état.... mais tout à la nature.
Vous n'exigerez pas qu'un père malheureux
A vos sévères voix mêle sa voix tremblante.
Aménaïde, hélas! ne peut être innocente;
Mais signer à la fois mon opprobre et sa mort,
Vous ne le voulez pas.... c'est un barbare effort:
La nature en frémit, et j'en suis incapable.

LORÉDAN.

Nous plaignons tous, Seigneur, un père respectable;
Nous sentons sa blessure, et craignons de l'aigrir:
Mais vous-même avez vu cette lettre coupable;
L'esclave la portait au camp de Solamir;
Auprès de ce camp même on a surpris le traître,
Et l'insolent Arabe a pu le voir punir.
Ses odieux desseins n'ont que trop su paraître.
L'état était perdu. Nos dangers, nos sermens,
Ne souffrent point de nous de vains ménagemens:
Les lois n'écoutent point la pitié paternelle;
L'état parle, il suffit.

ARGIRE.

Seigneur, je vous entends.
Je sais ce qu'on prépare à cette criminelle.
Mais elle était ma fille.... et voilà son époux....
Je cède à ma douleur..., je m'abandonne à vous....
Il ne me reste plus qu'à mourir avant elle.

(*Il sort.*)

SCÈNE IV.

LES CHEVALIERS.

CATANE.

Déjà de la saisir l'ordre est donné par nous.
Sans doute il est affreux de voir tant de noblesse,
Les grâces, les attraits, la plus tendre jeunesse,
L'espoir de deux maisons, le destin le plus beau,
Par le dernier supplice enfermés au tombeau.
Mais telle est parmi nous la loi de l'hyménée;
C'est la religion lâchement profanée,
C'est la patrie enfin que nous devons venger.
L'infidèle en nos murs appelle l'étranger!
La Grèce et la Sicile ont vu des citoyennes,
Renonçant à leur gloire, au titre de chrétiennes,
Abandonner nos lois pour ces fiers musulmans,
Vainqueurs de tous côtés, et partout nos tyrans :
Mais que d'un chevalier la fille respectée,
        (*à Orbassan.*)
Sur le point d'être à vous, et marchant à l'autel,
Exécute un complot si lâche et si cruel!

De ce crime nouveau Syracuse infectée
Veut de notre justice un exemple éternel.

LORÉDAN.

Je l'avoue en tremblant : sa mort est légitime ;
Plus sa race est illustre, et plus grand est le crime.
On sait de Solamir l'espoir ambitieux ;
On connaît ses desseins, son amour téméraire,
Ce malheureux talent de tromper et de plaire,
D'imposer aux esprits, et d'éblouir les yeux.
C'est à lui que s'adresse un écrit si funeste,
Régnez dans nos états : ces mots trop odieux
Nous révèlent assez un complot manifeste.
Pour l'honneur d'Orbassan je supprime le reste ;
Il nous ferait rougir. Quel est le chevalier
Qui daignera jamais, suivant l'antique usage,
Pour ce coupable objet signaler son courage,
Et hasarder sa gloire à le justifier ?

CATANE.

Orbassan, comme vous nous sentons votre injure ;
Nous allons l'effacer au milieu des combats.
Le crime rompt l'hymen : oubliez la parjure.
Son supplice vous venge, et ne vous flétrit pas.

ORBASSAN.

Il me consterne, au moins.... et coupable ou fidèle,
Sa main me fut promise.... On approche.... C'est elle
Qu'au séjour des forfaits conduisent des soldats....
Cette honte m'indigne autant qu'elle m'offense :
Laissez-moi lui parler.

SCÈNE V.

LES CHEVALIERS, *sur le devant;* AMÉNAÏDE *au fond, entourée de gardes.*

AMÉNAÏDE.

O céleste puissance,
Ne m'abandonne point dans ces momens affreux.
GrandDieu! vous connaissez l'objet de tous mes vœux;
Vous connaissez mon cœur; est-il donc si coupable?

CATANE.

Vous voulez voir encor cet objet condamnable?

ORBASSAN.

Oui, je le veux.

CATANE.

Sortons. Parlez-lui; mais songez
Que les lois, les autels, l'honneur, sont outragés :
Syracuse à regret exige une victime.

ORBASSAN.

Je le sais comme vous : un même soin m'anime.
Éloignez-vous, soldats.

SCÈNE VI.

AMÉNAIDE, ORBASSAN.

AMÉNAÏDE.

Qu'osez-vous attenter?
A mes derniers momens venez-vous insulter?

ORBASSAN.

Ma fierté jusque-là ne peut être avilie.
Je vous donnais ma main, je vous avais choisie;
Peut-être l'amour même avait dicté ce choix.
Je ne sais si mon cœur s'en souviendrait encore,
Ou s'il est indigné d'avoir connu ses lois;
Mais il ne peut souffrir ce qui le déshonore.
Je ne veux point penser qu'Orbassan soit trahi
Pour un chef étranger, pour un chef ennemi,
Pour un de ces tyrans que notre culte abhorre :
Ce crime est trop indigne; il est trop inouï :
Et pour vous, pour l'état, et surtout pour ma gloire,
Je veux fermer les yeux, et prétends ne rien croire.
Syracuse aujourd'hui voit en moi votre époux :
Ce titre me suffit; je me respecte en vous;
Ma gloire est offensée, et je prends sa défense.
Les lois des chevaliers ordonnent ces combats;
Le jugement de Dieu [1] dépend de notre bras :
C'est le glaive qui juge et qui fait l'innocence.
Je suis prêt.

AMÉNAÏDE.

Vous?

ORBASSAN.

Moi seul; et j'ose me flatter
Qu'après cette démarche, après cette entreprise
(Qu'aux yeux de tout guerrier mon honneur autorise),

---

[1] On sait assez qu'on appelait ces combats *le jugement de Dieu*.

Un cœur qui m'était dû me saura mériter.
Je n'examine point si votre âme surprise
Ou par mes ennemis, ou par un séducteur,
Un moment aveuglée eut un moment d'erreur,
Si votre aversion fuyait mon hyménée.
Les bienfaits peuvent tout sur une âme bien née ;
La vertu s'affermit par un remords heureux.
Je suis sûr, en un mot, de l'honneur de tous deux.
Mais ce n'est point assez : j'ai le droit de prétendre
(Soit fierté, soit amour) un sentiment plus tendre.
Les lois veulent ici des sermens solennels ;
J'en exige un de vous, non tel que la contrainte
En dicte à la faiblese, en impose à la crainte,
Qu'en se trompant soi-même on prodigue aux autels :
A ma franchise altière il faut parler sans feinte :
Prononcez. Mon cœur s'ouvre, et mon bras est armé.
Je puis mourir pour vous ; mais je dois être aimé.

AMÉNAÏDE.

Dans l'abîme effroyable où je suis descendue,
A peine avec horreur à moi-même rendue,
Cet effort généreux, que je n'attendais pas,
Porte le dernier coup à mon âme éperdue,
Et me plonge au tombeau qui s'ouvrait sous mes pas.
Vous me forcez, Seigneur, à la reconnaissance ;
Et, tout près du sépulcre où l'on va m'enfermer,
Mon dernier sentiment est de vous estimer.
   Connaissez-moi ; sachez que mon cœur vous offense ;
Mais je n'ai point trahi ma gloire et mon pays :
Je ne vous trahis point ; je n'avais rien promis.

Mon âme envers la vôtre est assez criminelle;
Sachez qu'elle est ingrate, et non pas infidèle....
Je ne peux vous aimer; je ne peux, à ce prix,
Accepter un combat pour ma cause entrepris.
Je sais de votre loi la dureté barbare,
Celle de mes tyrans, la mort qu'on me prépare.
Je ne me vante point du fastueux effort
De voir sans m'alarmer les apprêts de ma mort....
Je regrette la vie.... elle dut m'être chère.
Je pleure mon destin, je gémis sur mon père;
Mais, malgré ma faiblesse, et malgré mon effroi,
Je ne puis vous tromper : n'attendez rien de moi.
Je vous parais coupable après un tel outrage;
Mais ce cœur, croyez-moi, le serait davantage,
Si jusqu'à vous complaire il pouvait s'oublier.
Je ne veux (pardonnez à ce triste langage)
De vous pour mon époux, ni pour mon chevalier.
J'ai prononcé; jugez, et vengez votre offense.

ORBASSAN.

Je me borne, Madame, à venger mon pays,
A dédaigner l'audace, à braver le mépris,
A l'oublier. Mon bras prenait votre défense:
Mais, quitte envers ma gloire, aussi bien qu'envers
    vous,
Je ne suis plus qu'un juge à son devoir fidèle,
Soumis à la loi seule, insensible comme elle,
Et qui ne doit sentir ni regrets ni courroux.

SCÈNE VII.

AMÉNAIDE, SOLDATS, *dans l'enfoncement.*

AMÉNAÏDE.

J'ai donc dicté l'arrêt.... et je me sacrifie !
O toi, seul des humains qui méritas ma foi,
Toi, pour qui je mourrai, pour qui j'aimais la vie,
Je suis donc condamnée.... Oui, je le suis pour toi;
Allons.... je l'ai voulu.... Mais tant d'ignominie,
Mais un père accablé, dont les jours vont finir!
Des liens, des bourreaux.... ces apprêts d'infamie!
O mort! affreuse mort! puis-je vous soutenir?
Tourmens, trépas honteux!..tout mon courage cède...
Non, il n'est point de honte en mourant pour Tancrède.
On peut m'ôter le jour, et non pas me punir.
Quoi! je meurs en coupable!... un père, une patrie!
Je les servais tous deux, et tous deux m'ont flétrie!
Et je n'aurais pour moi, dans ces momens d'horreur,
Que mon seul témoignage, et la voix de mon cœur!
(à Fanie qui entre.)
Quels momens pour Tancrède! O ma chère Fanie!
*(Fanie lui baise la main en pleurant, et Aménaïde
l'embrasse.*

La douceur de te voir ne m'est donc point ravie!

FANIE.

Que ne puis-je avant vous expirer en ces lieux!

AMÉNAÏDE.

Ah!... je vois s'avancer ces monstres odieux....

(*Les gardes, qui étaient dans le fond, s'avancent pour l'emmener.*)
Porte un jour au héros à qui j'étais unie
Mes derniers sentimens, et mes derniers adieux,
Fanie.... il apprendra si je mourus fidèle.
Je coûterai du moins des larmes à ses yeux;
Je ne meurs que pour lui... ma mort est moins cruelle.

FIN DU SECOND ACTE.

ACTE III.

SCÈNE PREMIÈRE.

TANCRÈDE, *suivi de deux écuyers qui portent sa lance, son écu, etc.;* ALDAMON.

TANCRÈDE.

A tous les cœurs bien nés que la patrie est chère !
Qu'avec ravissement je revois ce séjour !
Cher et brave Aldamon, digne ami de mon père,
C'est toi dont l'heureux zèle a servi mon retour.
Que Tancrède est heureux ! que ce jour m'est prospère !
Tout mon sort est changé. Cher ami, je te dois
Plus que je n'ose dire, et plus que tu ne crois.

ALDAMON.

Seigneur, c'est trop vanter mes services vulgaires,
Et c'est trop relever un sort tel que le mien ;
Je ne suis qu'un soldat, un simple citoyen....

TANCRÈDE.

Je le suis comme vous : les citoyens sont frères.

ALDAMON.

Deux ans dans l'Orient sous vous j'ai combattu ;
Je vous vis effacer l'éclat de vos ancêtres ;
J'admirai d'assez près votre haute vertu :
C'est là mon seul mérite. Élevé par mes maîtres,

Né dans votre maison, je vous suis asservi.
Je dois....

TANCRÈDE.

Vous ne devez être que mon ami.
Voilà donc ces remparts que je voulais défendre,
Ces murs toujours sacrés pour le cœur le plus tendre,
Ces murs qui m'ont vu naître, et dont je suis banni!
Apprends-moi dans quels lieux respire Aménaïde,

ALDAMON.

Dans ce palais antique où son père réside;
Cette place y conduit : plus loin vous contemplez
Ce tribunal auguste, où l'on voit assemblés
Ces vaillans chevaliers, ce sénat intrépide,
Qui font les lois du peuple, et combattent pour lui,
Et qui vaincraient toujours le musulman perfide,
S'ils ne s'étaient privés de leur plus grand appui.
Voilà leurs boucliers, leurs lances, leurs devises,
Dont la pompe guerrière annonce aux nations
La splendeur de leurs faits, leurs nobles entreprises.
Votre nom seul ici manquait à ces grands noms.

TANCRÈDE.

Que ce nom soit caché, puisqu'on le persécute;
Peut-être en d'autres lieux il est célèbre assez.
(*à ses écuyers.*)
Vous, qu'on suspende ici mes chiffres effacés;
Aux fureurs des partis qu'ils ne soient point en butte;
Que mes armes sans faste, emblème des douleurs,
Telles que je les porte au milieu des batailles,
Ce simple bouclier, ce casque sans couleurs,
Soient attachés sans pompe à ces tristes murailles.

(*Les écuyers suspendent ses armes aux places
vides, au milieu des autres trophées.*)

Conservez ma devise, elle est chère à mon cœur ;
Elle a dans les combats soutenu ma vaillance ;
Elle a conduit mes pas et fait mon espérance :
Les mots en sont sacrés ; c'est *l'amour et l'honneur.*

Lorsque les chevaliers descendront dans la place,
Vous direz qu'un guerrier, qui veut être inconnu,
Pour les suivre au combat dans leurs murs est venu,
Et qu'à les imiter il borne son audace.
  (*à Aldamon.*)
Quel est leur chef, ami ?

ALDAMON.

      Ce fut depuis trois ans,
Comme vous l'avez su, le respectable Argire.

TANCRÈDE, *à part.*

Père d'Aménaïde !....

ALDAMON.

      On le vit trop long-temps
Succomber au parti dont nous craignons l'empire.
Il reprit à la fin sa juste autorité :
On respecte son rang, son nom, sa probité ;
Mais l'âge l'affaiblit. Orbassan lui succède.

TANCRÈDE.

Orbassan ! l'ennemi, l'oppresseur de Tancrède !
Ami, quel est le bruit répandu dans ces lieux ?
Ah ! parle, est-il bien vrai que cet audacieux
D'un père trop facile ait surpris la faiblesse,
Que de son alliance il ait eu la promesse,

Que sur Aménaïde il ait levé les yeux,
Qu'il ait osé prétendre à s'unir avec elle?

ALDAMON.

Hier confusément j'en appris la nouvelle.
Pour moi, loin de la ville, établi dans ce fort
Où je vous ai reçu, grâce à mon heureux sort,
A mon poste attaché, j'avoûrai que j'ignore
Ce qu'on a fait depuis dans ces murs que j'abhorre.
On vous y persécute, ils sont affreux pour moi.

TANCRÈDE.

Cher ami, tout mon cœur s'abandonne à ta foi;
Cours chez Aménaïde, et parais devant elle;
Dis-lui qu'un inconnu, brûlant du plus beau zèle
Pour l'honneur de son sang, pour son auguste nom,
Pour les prospérités de sa noble maison,
Attaché dès l'enfance à sa mère, à sa race,
D'un entretien secret lui demande la grâce.

ALDAMON.

Seigneur, dans sa maison j'eus toujours quelque accès
On y voit avec joie, on accueille, on honore
Tous ceux qu'à votre nom le zèle attache encore.
Plût au Ciel qu'on eût vu le pur sang des Français
Uni dans la Sicile au noble sang d'Argire!
Quel que soit le dessein, Seigneur, qui vous inspire,
Puisque vous m'envoyez, je réponds du succès.

SCÈNE II.

TANCRÈDE; SES ÉCUYERS, *au fond.*

TANCRÈDE.

Il sera favorable; et ce ciel qui me guide,
Ce ciel qui me ramène aux pieds d'Aménaïde,
Et qui dans tous les temps accorda sa faveur
Au véritable amour, au véritable honneur,
Ce ciel qui m'a conduit dans les tentes du Maure,
Parmi mes ennemis soutient ma cause encore.
Aménaïde m'aime, et son cœur me répond
Que le mien dans ces lieux ne peut craindre un affront.
Loin du camp des Césars, et loin de l'Illyrie,
Je viens enfin pour elle au sein de ma patrie,
De ma patrie ingrate, et qui, dans mon malheur,
Après Aménaïde est si chère à mon cœur!
J'arrive : un autre ici l'obtiendrait de son père !
Et sa fille à ce point aurait pu me trahir !
Quel est cet Orbassan ? quel est ce téméraire ?
Quels sont donc les exploits dont il doit s'applaudir ?
Qu'a-t-il fait de si grand qui le puisse enhardir
A demander un prix qu'on doit à la vaillance;
Qui des plus grands héros serait la récompense;
Qui m'appartient du moins par les droits de l'amour?
Avant de me l'ôter, il m'ôtera le jour.
Après mon trépas même elle serait fidèle :
L'oppresseur de mon sang ne peut régner sur elle.

Oui, ton cœur m'est connu, je n'en redoute rien,
Ma chère Aménaïde : il est tel que le mien,
Incapable d'effroi, de crainte, et d'inconstance.

SCÈNE III.

TANCRÈDE, ALDAMON.

TANCRÈDE.
Ah! trop heureux ami, tu sors de sa présence :
Tu vois tous mes transports; allons, conduis mes pas.
ALDAMON.
Vers ces funestes lieux, Seigneur, n'avancez pas.
TANCRÈDE.
Que me dis-tu? les pleurs inondent ton visage!
ALDAMON.
Ah! fuyez pour jamais ce malheureux rivage;
Après les attentats que ce jour a produits,
Je n'y puis demeurer tout obscur que je suis.
TANCRÈDE.
Comment?
ALDAMON.
Portez ailleurs ce courage sublime :
La gloire vous attend aux tentes des Césars;
Elle n'est point pour vous dans ces affreux remparts :
Fuyez; vous n'y verrez que la honte et le crime.
TANCRÈDE.
De quels traits inouis viens-tu percer mon cœur?
Qu'as-tu vu? que t'a dit, que fait Aménaïde?

ACTE III, SCÈNE III.

ALDAMON.

J'ai trop vu vos desseins.... Oubliez-la, Seigneur.

TANCRÈDE.

Ciel! Orbassan l'emporte! Orbassan! la perfide!
L'ennemi de son père, et mon persécuteur!

ALDAMON.

Son père a ce matin signé cet hyménée;
Et la pompe fatale en était ordonnée....

TANCRÈDE.

Et je serais témoin de cet excès d'horreur!

ALDAMON.

Votre dépouille ici leur fut abandonnée;
Vos biens étaient sa dot. Un rival odieux,
Seigneur, vous enlevait le bien de vos aïeux.

TANCRÈDE.

Le lâche! il m'enlevait ce qu'un héros méprise.
Aménaïde, ô Ciel! en ses mains est remise?
Elle est à lui?

ALDAMON.

    Seigneur, ce sont les moindres coups
Que le Ciel irrité vient de lancer sur vous.

TANCRÈDE.

Achève donc, cruel, de m'arracher la vie;
Achève.... parle.... hélas!

ALDAMON.

      Elle allait être unie
Au fier persécuteur de vos jours glorieux;
Le flambeau de l'hymen s'allumait en ces lieux,
Lorsqu'on a reconnu quelle est sa perfidie:

C'est peu d'avoir changé, d'avoir trompé vos vœux;
L'infidèle, Seigneur, vous trahissait tous deux.
TANCRÈDE.
Pour qui?
ALDAMON.
Pour une main étrangère, ennemie,
Pour l'oppresseur altier de notre nation,
Pour Solamir.
TANCRÈDE.
O Ciel! ô trop funeste nom!
Solamir!.. Dans Byzance il soupira pour elle :
Mais il fut dédaigné, mais je fus son vainqueur;
Elle n'a pu trahir ses sermens et mon cœur;
Tant d'horreur n'entre point dans une âme si belle;
Elle en est incapable.
ALDAMON.
A regret j'ai parlé;
Mais ce secret horrible est partout révélé.
TANCRÈDE.
Écoute, je connais l'envie et l'imposture :
Eh! quel cœur généreux échappe à leur injure!
Proscrit dès mon berceau, nourri dans le malheur,
Moi toujours éprouvé, moi qui suis mon ouvrage,
Qui d'états en états ai porté mon courage,
Qui partout de l'envie ai senti la fureur,
Depuis que je suis né, j'ai vu la colomnie
Exhaler les venins de sa bouche impunie
Chez les républicains, comme à la cour des rois.
Argire fut long-temps acusé par sa voix;

Il souffrit comme moi : cher ami, je m'abuse,
Ou ce monstre odieux règne dans Syracuse ;
Ses serpens sont nourris de ces mortels poisons
Que dans les cœurs trompés jettent les factions.
De l'esprit de parti je sais quelle est la rage :
L'auguste Aménaïde en éprouve l'outrage.
Entrons : je veux la voir, l'entendre, et m'éclairer.

ALDAMON.

Ah ! Seigneur, arrêtez : il faut donc tout vous dire ;
On l'arrache des bras du malheureux Argire ;
Elle est aux fers.

TANCRÈDE.
Qu'entends-je ?
ALDAMON.
Et l'on va la livrer,
Dans cette place même, au plus affreux supplice.
TANCRÈDE.
Aménaïde !

ALDAMON.
Hélas ! si c'est une justice,
Elle est bien odieuse : on ose en murmurer,
On pleure ; mais, Seigneur, on se borne à pleurer.
TANCRÈDE.
Aménaïde ! ô cieux !... Crois-moi, ce sacrifice,
Cet horrible attentat ne s'achèvera pas.
ALDAMON.
Le peuple au tribnal précipite ses pas :
Il la plaint, il gémit, en la nommant perfide ;
Et d'un cruel spectacle indignement avide,
Turbulent, curieux avec compassion,

Il s'agite en tumulte autour de la prison.
Étrange empressement de voir des misérables !
On hâte en gémissant ces momens formidables.
Ces portiques, ces lieux que vous voyez déserts,
De nombreux citoyens seront bientôt couverts.
Éloignez-vous, venez.

TANCRÈDE.

Quel vieillard vénérable
Sort d'un temple en tremblant, les yeux baignés de pleurs ?
Ses suivans consternés imitent ses douleurs.

ALDAMON.

C'est Argire, Seigneur, c'est le malheureux père....

TANCRÈDE.

Retire-toi.... surtout ne me découvre pas.
Que je le plains !

SCÈNE IV.

ARGIRE, *dans un des côtés de la scène ;* TANCRÈDE, *sur le devant ;* ALDAMON, *loin de lui, dans l'enfoncement.*

ARGIRE.

O Ciel ! avance mon trépas.
O mort ! viens me frapper ; c'est ma seule prière.

TANCRÈDE.

Noble Argire, excusez un de ces chevaliers
Qui, contre le Croissant déployant leur bannière,
Dans de si saints combats vont chercher des lauriers.
Vous voyez le moins grand de ces dignes guerriers.

Je venais.... Pardonnez.... dans l'état où vous êtes,
Si je mêle à vos pleurs mes larmes indiscrètes.

ARGIRE.

Ah! vous êtes le seul qui m'osiez consoler ;
Tout le reste me fuit, ou cherche à m'accabler.
Vous même pardonnez à mon désordre extrême.
A qui parlé-je ? hélas !

TANCRÈDE.

Je suis un étranger,
Plein de respect pour vous, touché comme vous-même,
Honteux, et frémissant de vous interroger ;
Malheureux comme vous.. Ah! par pitié.... de grâce,
Une seconde fois excusez tant d'audace.
Est-il vrai?... votre fille...! est-il possible?...

ARGIRE.

Hélas!
Il est trop vrai, bientôt on la mène au trépas.

TANCRÈDE.

Elle est coupable ?

ARGIRE, *avec des soupirs et des pleurs.*

Elle est.... la honte de son père.

TANCRÈDE.

Votre fille!... Seigneur, nourri loin de ces lieux,
Je pensais, sur le bruit de son nom glorieux,
Que, si la vertu même habitait sur la terre,
Le cœur d'Aménaïde était son sanctuaire.
Elle est coupable! ô jour! ô détestables bords!
Jour à jamais affreux!

ARGIRE.

Ce qui me désespère,

Ce qui creuse ma tombe, et ce qui chez les morts
Avec plus d'amertume encor me fait descendre,
C'est qu'elle aime son crime, et qu'elle est sans remords.
Aussi nul chevalier ne cherche à la défendre :
Ils ont en gémissant signé l'arrêt mortel,
Et, malgré notre usage antique et solennel,
Si vanté dans l'Europe, et si cher au courage,
De défendre en champ clos le sexe qu'on outrage,
Celle qui fut ma fille à mes yeux va périr
Sans trouver un guerrier qui l'ose secourir.
Ma douleur s'en accroît, ma honte s'en augmente;
Tout frémit, tout se tait, aucun ne se présente.

TANCRÈDE.

Il s'en présentera; gardez-vous d'en douter.

ARGIRE.

De quel espoir, Seigneur, daignez-vous me flatter?

TANCRÈDE.

Il s'en présentera, non pas pour votre fille,
Elle est loin d'y prétendre et de le mériter,
Mais pour l'honneur sacré de sa noble famille,
Pour vous, pour votre gloire, et pour votre vertu.

ARGIRE.

Vous rendez quelque vie à ce cœur abattu.
Eh! qui pour nous défendre entrera dans la lice?
Qui daignera me tendre une main protectrice?
Je n'ose m'en flatter.... Qui combattra?

TANCRÈDE.

Qui? moi.!
Moi, dis-je; et, si le Ciel seconde ma vaillance,

Je demande de vous, Seigneur, pour récompense,
De partir à l'instant sans être retenu,
Sans voir Aménaïde, et sans être connu.

ARGIRE.

Ah! Seigneur, c'est le Ciel, c'est Dieu qui vous envoie.
Mon cœur triste et flétri ne peut goûter de joie;
Mais je sens que j'expire avec moins de douleur.
Ah! ne puis-je savoir à qui, dans mon malheur,
Je dois tant de respect et de reconnaissance?
Tout annonce à mes yeux votre haute naissance :
Hélas! qui vois-je en vous?

TANCRÈDE.
      Vous voyez un vengeur.

SCÈNE V.

ORBASSAN, ARGIRE, TANCRÈDE; CHEVALIERS, SUITE.

ORBASSAN, à Argire.

L'état est en danger; songeons à lui, Seigneur.
Nous prétendions demain sortir de nos murailles;
Nous sommes prévenus. Ceux qui nous ont trahis
Sans doute avertissaient nos cruels ennemis.
Solamir veut tenter le destin des batailles;
Nous marcherons à lui. Vous, si vous m'en croyez,
Dérobez à vos yeux un spectacle funeste,
Insupportable, horrible à nos sens effrayés.

ARGIRE.

Il suffit, Orbassan; tout l'espoir qui me reste

C'est d'aller expirer au milieu des combats.
(*montrant Tancrède.*)
Ce brave chevalier y guidera mes pas;
Et, malgré les horreurs dont ma race est flétrie,
Je périrai du moins en servant ma patrie.
ORBASSAN.
Des sentimens si grands sont bien dignes de vous.
Allez aux musulmans porter vos derniers coups;
Mais, avant tout, fuyez cet appareil barbare,
Si peu fait pour vos yeux, et déjà qu'on prépare.
On approche.
ARGIRE.
Ah! grand Dieu!
ORBASSAN.
Les regards paternels
Doivent se détourner de ces objets cruels.
Ma place me retient, et mon devoir sévère
Veut qu'ici je contienne un peuple téméraire:
L'inexorable loi ne sait rien ménager;
Tout horrible qu'elle est, je la dois protéger.
Mais vous, qui n'avez point cet affreux ministère,
Qui peut vous retenir, et qui peut vous forcer
A voir couler le sang que la loi va verser?
On vient; éloignez-vous.
TANCRÈDE, *à Argire.*
Non, demeurez, mon père.
ORBASSAN.
Et qui donc êtes-vous?
TANCRÈDE.
Votre ennemi, Seigneur,

L'ami de ce vieillard, peut-être son vengeur,
Peut-être autant que vous à l'état nécessaire.

SCÈNE VI.

La scène s'ouvre : on voit AMÉNAIDE, *au milieu des gardes;* LES CHEVALIERS, LE PEUPLE, *remplissent la place.*

ARGIRE, *à Tancrède.*

Généreux inconnu, daignez me soutenir ;
Cachez-moi ces objets.... c'est ma fille elle-même.

TANCRÈDE.

Quels momens pour tous trois !

AMÉNAÏDE.

O justice suprême !
Toi qui vois le passé, le présent, l'avenir,
Tu lis seule en mon cœur, toi seule es équitable ;
Des profanes humains la foule impitoyable
Parle en juge, en aveugle, et condamne au hasard.
  Chevaliers, citoyens, vous qui tous avez part
Au sanguinaire arrêt porté contre ma vie,
Ce n'est pas devant vous que je me justifie ;
Que ce Ciel qui m'entend juge entre vous et moi.
Organes odieux d'un jugement inique,
Oui, je vous outrageais, j'ai trahi votre loi ;
Je l'avais en horreur, elle était tyrannique.
Oui, j'offensais un père, il a forcé mes vœux ;
J'offensais Orbassan, qui, fier et rigoureux,
Prétendait sur mon âme une injuste puissance.

Citoyens, si la mort est due à mon offense,
Frappez, mais écoutez; sachez tout mon malheur:
Qui va répondre à Dieu parle aux hommes sans peur.
Et vous, mon père, et vous, témoin de mon supplice,
Qui ne deviez pas l'être, et de qui la justice
(*apercevant Tancrède.*)
Aurait pu.... Ciel! ô Ciel! qui vois-je à ses côtés?
Est-ce lui...? je me meurs.
(*Elle tombe évanouie entre les gardes.*)

TANCRÈDE.

Ah! ma seule présence
Est pour elle un reproche! il n'importe.... Arrêtez,
Ministres de la mort, suspendez la vengeance;
Arrêtez, citoyens, j'entreprends sa défense,
Je suis son chevalier: ce père infortuné,
Prêt à mourir comme elle, et non moins condamné,
Daigne avouer mon bras propice à l'innocence.
Que la seule valeur rende ici des arrêts,
Des dignes chevaliers c'est le plus beau partage;
Que l'on ouvre la lice à l'honneur, au courage;
Que les juges du camp fassent tous les apprêts.
Toi, superbe Orbassan, c'est toi que je défie;
Viens mourir de mes mains, ou m'arracher la vie;
Tes exploits et ton nom ne sont pas sans éclat;
Tu commandes ici, je veux t'en croire digne:
Je jette devant toi le gage du combat.
(*Il jette son gantelet sur la scène.*)
L'oses-tu relever?

ORBASSAN.
Ton arrogance insigne
Ne mériterait pas qu'on te fît cet honneur.
(*Il fait signe à son écuyer de ramasser le gage de bataille.*)
Je le fais à moi-même ; et, consultant mon cœur,
Respectant ce vieillard qui daigne ici t'admettre,
Je veux bien avec toi descendre à me commettre,
Et daigner te punir de m'oser défier.
Quel est ton rang, ton nom ? ce simple bouclier
Semble nous annoncer peu de marques de gloire.

TANCRÈDE.
Peut-être il en aura des mains de la victoire.
Pour mon nom, je le tais, et tel est mon dessein ;
Mais je te l'apprendrai les armes à la main.
Marchons.

ORBASSAN.
Qu'à l'instant même on ouvre la barrière ;
Qu'Aménaïde ici ne soit plus prisonnière
Jusqu'à l'événement de ce léger combat.
Vous, sachez, compagnons, qu'en quittant la carrière,
Je marche à votre tête, et je défends l'état.
D'un combat singulier la gloire est périssable ;
Mais servir la patrie est l'honneur véritable.

TANCRÈDE.
Viens ; et vous, chevaliers, j'espère qu'aujourd'hui
L'état sera sauvé par d'autres que par lui.

SCÈNE VII.

ARGIRE, *sur le devant;* AMÉNAIDE, *au fond, à qui l'on ôte les fers.*

AMÉNAÏDE, *revenant à elle.*

Ciel! que deviendra-t-il? si l'on sait sa naissance,
Il est perdu.

ARGIRE.

Ma fille....

AMÉNAÏDE, *appuyée sur Fanie, et se retournant vers son père.*

Ah! que me voulez-vous?
Vous m'avez condamnée.

ARGIRE.

O destins en courroux!
Voulez-vous, ô mon Dieu qui prenez sa défense,
Ou pardonner sa faute, ou venger l'innocence?
Quels bienfaits à mes yeux daignez-vous accorder?
Est-ce justice ou grâce? ah! je tremble et j'espère.
Qu'as-tu fait! et comment dois-je te regarder!
Avec quels yeux, hélas?

AMÉNAÏDE.

Avec les yeux d'un père.
Votre fille est encore au bord de son tombeau.
Je ne sais si le Ciel me sera favorable:
Rien n'est changé, je suis encor sous le couteau.
Tremblez moins pour ma gloire, elle est inaltérable;
Mais, si vous êtes père, ôtez-moi de ces lieux;
Dérobez votre fille accablée, expirante,

ACTE III, SCÈNE VII.

A tout cet appareil, à la foule insultante
Qui sur mon infortune arrête ici ses yeux,
Observe mes affronts, et contemple des larmes,
Dont la cause est si belle.... et qu'on ne connaît pas.
####### ARGIRE.
Viens ; mes tremblantes mains rassureront tes pas.
Ciel, de son défenseur favorisez les armes,
Ou d'un malheureux père avancez le trépas !

FIN DU TROISIÈME ACTE.

ACTE IV.

SCÈNE PREMIÈRE.

TANCRÈDE, LORÉDAN, CHEVALIERS.

Marche guerrière : on porte les armes de Tancrède devant lui.

LORÉDAN.

Seigneur, votre victoire est illustre et fatale :
Vous nous avez privés d'un brave chevalier,
Dont le cœur à l'état se livrait tout entier,
Et de qui la valeur fut à la vôtre égale ;
Ne pouvons-nous savoir votre nom, votre sort ?

TANCRÈDE, *dans l'attitude d'un homme pensif et affligé.*

Orbassan ne l'a su qu'en recevant la mort ;
Il emporte au tombeau mon secret et ma haine.
De mon sort malheureux ne soyez point en peine ;
Si je puis vous servir, qu'importe qui je sois ?

LORÉDAN.

Demeurez ignoré, puisque vous voulez l'être ;
Mais que votre vertu se fasse ici connaître
Par un courage utile et de dignes exploits.
Les drapeaux du croissant dans nos champs vont paraître ;
Défendez avec nous notre culte et nos lois ;
Voyez dans Solamir un plus grand adversaire :

Nous perdons notre appui, mais vous le remplacez.
Rendez-nous le héros que vous nous ravissez;
Le vainqueur d'Orbassan nous devient nécessaire.
Solamir vous attend.

TANCRÈDE.

Oui, je vous ai promis
De marcher avec vous contre vos ennemis;
Je tiendrai ma parole : et Solamir peut-être
Est plus mon ennemi que celui de l'état.
Je le hais plus que vous: mais quoi qu'il en puisse être,
Sachez que je suis prêt pour ce nouveau combat.

CATANE.

Nous attendons beaucoup d'une telle vaillance;
Attendez tout aussi de la reconnaissance
Que devra Syracuse à votre illustre bras.

TANCRÈDE.

Il n'en est point pour moi, je n'en exige pas;
Je n'en veux point, Seigneur, et cette triste enceinte
N'a rien qui désormais soit l'objet de mes vœux.
Si je verse mon sang, si je meurs malheureux,
Je ne prétends ici récompense, ni plainte,
Ni gloire, ni pitié. Je ferai mon devoir;
Solamir me verra, c'est là tout mon espoir.

LORÉDAN.

C'est celui de l'état; déjà le temps nous presse.
Ne songeons qu'à l'objet qui tous nous intéresse,
A la victoire; et vous, qui l'allez partager,
Vous serez averti quand il faudra vous rendre
Au poste où l'ennemi croit bientôt nous surprendre.

Dans le sang músulman tout prêts à nous plonger,
Tout autre sentiment nous doit être étranger.
Ne pensons, croyez-moi, qu'à servir la patrie.
(*Les chevaliers sortent.*)

TANCRÈDE.
Qu'elle en soit digne ou non, je lui donne ma vie.

SCÈNE II.

TANCRÈDE, ALDAMON.

ALDAMON.
Ils ne connaissent pas quel trait envenimé
Est caché dans ce cœur trop noble et trop charmé.
Mais, malgré vos douleurs, et malgré votre outrage,
Ne remplissez-vous pas l'indispensable usage
De paraître en vainqueur aux yeux de la beauté
Qui vous doit son honneur, ses jours, sa liberté,
Et de lui présenter de vos mains triomphantes
D'Orbassan terrassé les dépouilles sanglantes ?

TANCRÈDE.
Non, sans doute, Aldamon, je ne la verrai pas.

ALDAMON.
Eh quoi ! pour la servir vous cherchiez le trépas,
Et vous fuyez loin d'elle ?

TANCRÈDE.
Et son cœur le mérite.

ALDAMON.
Je vois trop à quel point son crime vous irrite ;
Mais pour ce crime, enfin, vous avez combattu.

TANCRÈDE.

Oui, j'ai tout fait pour elle, il est vrai, je l'ai dû.
Je n'ai pu, cher ami, malgré sa perfidie,
Supporter ni sa mort, ni son ignominie;
Et, l'eussé-je aimé moins, comment l'abandonner?
J'ai dû sauver ses jours, et non lui pardonner.
Qu'elle vive, il suffit, et que Tancrède expire.
Elle regrettera l'amant qu'elle a trahi,
Ce cœur qu'elle a perdu, ce cœur qu'elle déchire...
A quel excès, ô Ciel! je lui fus asservi!
Pouvais-je craindre, hélas! de la trouver parjure?
Je pensais adorer la vertu la plus pure,
Je croyais les sermens, les autels moins sacrés
Qu'une simple promesse, un mot d'Aménaïde....

ALDAMON.

Tout est-il en ces lieux ou barbare ou perfide?
A la proscription vos jours furent livrés;
La loi vous persécute, et l'amour vous outrage.
Eh bien! s'il est ainsi, fuyons de ce rivage:
Je vous suis au combat; je vous suis pour jamais,
Loin de ces murs affreux, trop souillés de forfaits.

TANCRÈDE.

Quel charme, dans son crime, à mes esprits rappelle
L'image des vertus que je crus voir en elle!
Toi, qui me fais descendre avec tant de tourment
Dans l'horreur du tombeau dont je t'ai délivrée,
Odieuse coupable.... et peut-être adorée!
Toi, qui fais mon destin jusqu'au dernier moment;
Ah! s'il était possible, ah! si tu pouvais être

Ce que mes yeux trompés t'ont vu toujours paraître!
Non, ce n'est qu'en mourant que je puis l'oublier;
Ma faiblesse est affreuse.... il la faut expier,
Il faut périr.... mourons, sans nous occuper d'elle.

ALDAMON.

Elle vous a paru tantôt moins criminelle.
L'univers, disiez-vous, au mensonge est livré;
La calomnie y règne.

TANCRÈDE.

Ah? tout est avéré,
Tout est approfondi dans cet affreux mystère :
Solamir en ces lieux adora ses attraits ;
Il demanda sa main pour le prix de la paix.
Hélas! l'eût-il osé, s'il n'avait pas su plaire?
Ils sont d'intelligence. En vain j'ai cru mon cœur,
En vain j'avais douté ; je dois en croire un père :
Le père le plus tendre est son accusateur :
Il condamne sa fille; elle-même s'accuse;
Enfin mes yeux l'ont vu ce billet plein d'horreur :
« Puissiez-vous vivre en maître au sein de Syracuse;
« Et régner dans nos murs, ainsi que dans mon cœur. »
Mon malheur est certain.

ALDAMON.

Que ce grand cœur l'oublie,
Qu'il dédaigne une ingrate à ce point avilie.

TANCRÈDE.

Et pour comble d'horreur elle a cru s'honorer !
Au plus grand des humains elle a cru se livrer !

Que cette idée encor m'accable et m'humilie !
L'Arabe impérieux domine en Italie ;
Et le sexe imprudent, que tant d'éclat séduit,
Ce sexe à l'esclavage en leurs états réduit,
Frappé de ce respect que des vainqueurs impriment,
Se livre par faiblesse aux maîtres qui l'oppriment !
Il nous trahit pour eux, nous, son servile appui,
Qui vivons à ses pieds, et qui mourons pour lui !
Ma fierté suffirait, dans une telle injure,
Pour détester ma vie, et pour fuir la parjure.

SCÈNE III.

TANCRÈDE, ALDAMON, PLUSIEURS CHEVALIERS

CATANE.

Nos chevaliers sont prêts ; le temps est précieux.

TANCRÈDE.

Oui, j'en ai trop perdu : je m'arrache à ces lieux.
Je vous suis, c'en est fait.

SCÈNE IV.

TANCRÈDE, AMÉNAIDE, ALDAMON, FANIE,

CHEVALIERS.

AMÉNAÏDE, *arrivant avec précipitation.*
  O mon dieu tutélaire !
Maître de mon destin, j'embrasse vos genoux.
  (*Tancrède la relève, mais en se détournant.*)
Ce n'est point m'abaisser ; et mon malheureux père

A vos pieds, comme moi, va tomber devant vous.
Pourquoi nous dérober votre auguste présence?
Qui pourra condamner ma juste impatience?
Je m'arrache à ses bras.... mais ne puis-je, Seigneur,
Me permettre ma joie, et montrer tout mon cœur?
Je n'ose vous nommer.... et vous baissez la vue....
Ne puis-je vous revoir, en cet affreux séjour,
Qu'au milieu des bourreaux qui m'arrachaient le jour?
Vous êtes consterné.... mon âme est confondue;
Je crains de vous parler.... quelle contrainte, hélas!
Vous détournez les yeux.... vous ne m'écoutez pas.

TANCRÈDE, *d'une voix entrecoupée.*

Retournez.... consolez ce vieillard que j'honore;
D'autres soins plus pressans me rappellent encore.
Envers vous, envers lui, j'ai rempli mon devoir,
J'en ai reçu le prix.... je n'ai point d'autre espoir:
Trop de reconnaissance est un fardeau peut-être;
Mon cœur vous en dégage.... et le vôtre est le maître
De pouvoir à son gré disposer de son sort.
Vivez heureuse.... et moi, je vais chercher la mort.

SCÈNE V.

AMÉNAÏDE, FANIE.

AMÉNAÏDE.

Veillé-je? et du tombeau suis-je en effet sortie?
Est-il vrai que le Ciel m'ait rendue à la vie?
Ce jour, ce triste jour, éclaire-t-il mes yeux?
Ce que je viens d'entendre, ô ma chère Fanie,

Est un arrêt de mort plus dur, plus odieux,
Plus affreux que les lois qui m'avaient condamnée.

FANIE.

L'un et l'autre est horrible à mon âme étonnée.

AMÉNAÏDE.

Est-ce Tancrède, ô Ciel! qui vient de me parler?
As-tu vu sa froideur altière, avilissante,
Ce courroux dédaigneux dont il m'ose accabler?
Fanie, avec horreur il voyait son amante!
Il m'arrache à la mort, et c'est pour m'immoler!
Qu'ai-je donc fait, Tancrède? ai-je pu vous déplaire?

FANIE.

Il est vrai que son front respirait la colère,
Sa voix entrecoupée affectait des froideurs;
Il détournait les yeux, mais il cachait ses pleurs.

AMÉNAÏDE.

Il me rebute, il fuit, me renonce, et m'outrage!
Quel changement affreux a formé cet orage?
Que veut-il? quelle offense excite son courroux?
De qui dans l'univers peut-il être jaloux?
Oui, je lui dois la vie, et c'est toute ma gloire.
Seul objet de mes vœux, il est mon seul appui.
Je mourais, je le sais, sans lui, sans sa victoire;
Mais s'il sauva mes jours, je les perdais pour lui.

FANIE.

Il le peut ignorer; la voix publique entraîne;
Même en s'en défiant, on lui résiste à peine.
Cet esclave, sa mort, ce billet malheureux,
Le nom de Solamir, l'éclat de sa vaillance,

L'offre de son hymen, l'audace de ses feux,
Tout parlait contre vous, jusqu'à votre silence,
Ce silence si fier, si grand, si généreux,
Qui dérobait Tancrède à l'injuste vengeance
De vos communs tyrans armés contre vous deux.
Quels yeux pouvaient percer ce voile ténébreux ?
Le préjugé l'emporte, et l'on croit l'apparence.

AMÉNAÏDE.

Lui, me croire coupable !

FANIE.

Ah ! s'il peut s'abuser,
Excusez un amant.

AMÉNAÏDE, *reprenant sa fierté et ses forces.*

Rien ne peut l'excuser....
Quand l'univers entier m'accuserait d'un crime,
Sur son jugement seul un grand homme appuyé
A l'univers séduit oppose son estime.
Il aura donc pour moi combattu par pitié !
Cet opprobre est affreux, et j'en suis accablée.
Hélas ! mourant pour lui, je mourais consolée ;
Et c'est lui qui m'outrage et m'ose soupçonner !
C'en est fait, je ne veux jamais lui pardonner ;
Ses bienfaits sont toujours présens à ma pensée,
Ils resteront gravés dans mon âme offensée ;
Mais s'il a pu me croire indigne de sa foi,
C'est lui qui pour jamais est indigne de moi.
Ah ! de tous mes affronts c'est le plus grand peut-être.

FANIE.
Mais il ne connaît pas....
AMÉNAÏDE.
Il devait me connaître ;
Il devait respecter un cœur tel que le mien ;
Il devait présumer qu'il était impossible
Que jamais je trahisse un si noble lien.
Ce cœur est aussi fier que son bras invincible ;
Ce cœur était en tout aussi grand que le sien,
Moins soupçonneux, sans doute, et surtout plus sensible.
Je renonce à Tancrède, au reste des mortels ;
Ils sont faux ou méchans, ils sont faibles, cruels,
Ou trompeurs ou trompés ; et ma douleur profonde,
En oubliant Tancrède, oubliera tout le monde.

SCÈNE VI.
ARGIRE, AMÉNAIDE, SUITE.
ARGIRE, *soutenu par ses écuyers.*
Mes amis, avancez, sans plaindre mes tourmens :
On va combattre; allons, guidez mes pas tremblans.
Ne pourrai-je embrasser ce héros tutélaire ?
Ah! ne puis-je savoir qui t'a sauvé le jour ?
AMÉNAÏDE, *plongée dans sa douleur, appuyée d'une main sur Fanie, et se tournant à moitié vers son père.*
Un mortel autrefois digne de mon amour,
Un héros en ces lieux opprimé par mon père,
Que je n'osais nommer, que vous avez proscrit,

Le seul et cher objet de ce fatal écrit,
Le dernier rejeton d'une famille auguste,
Le plus grand des humains, hélas! le plus injuste;
En un mot, c'est Tancrède.

ARGIRE.

O Ciel! que m'as-tu dit?

AMÉNAÏDE.

Ce que ne peut cacher la douleur qui m'égare,
Ce que je vous confie en craignant tout pour lui.

ARGIRE.

Lui, Tancrède!

AMÉNAÏDE.

Et quel autre eût été mon appui?

ARGIRE.

Tancrède qu'opprima notre sénat barbare?

AMÉNAÏDE.

Oui, lui-même.

ARGIRE.

Et pour nous il fait tout aujourd'hui.
—Nous lui ravissons tout, biens, dignités, patrie,
Et c'est lui qui pour nous vient prodiguer sa vie!
O juges malheureux, qui dans nos faibles mains
Tenons aveuglément le glaive et la balance,
Combien nos jugemens sont injustes et vains,
Et combien nous égare une fausse prudence!
Que nous étions ingrats! que nous étions tyrans!

AMÉNAÏDE.

Je puis me plaindre à vous, je le sais...mais, mon père,
Votre vertu se fait des reproches si grands,

Que mon cœur désolé tremble de vous en faire :
Je les dois à Tancrède.

ARGIRE.

A lui par qui je vis,
A qui je dois tes jours ?

AMÉNAÏDE.

Ils sont trop avilis,
Ils sont trop malheureux. C'est en vous que j'espère ;
Réparez tant d'horreurs et tant de cruauté ;
Ah ! rendez-moi l'honneur que vous m'avez ôté,
Le vainqueur d'Orbassan n'a sauvé que ma vie ;
Venez, que votre voix parle et me justifie.

ARGIRE.

Sans doute, je le dois.

AMÉNAÏDE.

Je vole sur vos pas.

ARGIRE.

Demeure.

AMÉNAÏDE.

Moi rester ! je vous suis aux combats.
J'ai vu la mort de près, et je l'ai vue horrible ;
Croyez qu'aux champs d'honneur elle est bien moins terrible
Qu'à l'indigne échafaud où vous me conduisiez.
Seigneur, il n'est plus temps que vous me refusiez :
J'ai quelques droits sur vous ; mon malheur me les donne.
Faudra-t-il que deux fois mon père m'abandonne ?

ARGIRE.

Ma fille, je n'ai plus d'autorité sur toi;
J'en avais abusé, je dois l'avoir perdue.
Mais quel est ce dessein qui me glace d'effroi ?
Crains les égaremens de ton âme éperdue.
Ce n'est point en ces lieux comme en d'autres climats,
Où le sexe, élevé loin d'une triste gêne,
Marche avec les héros et s'en distingue à peine :
Et nos mœurs et nos lois ne le permettent pas.

AMÉNAÏDE.

Quelles lois ! quelles mœurs indignes et cruelles !
Sachez qu'en ce moment je suis au-dessus d'elles ;
Sachez que, dans ce jour d'injustice et d'horreur,
Je n'écoute plus rien que la loi de mon cœur.
Quoi ! ces affreuses lois, dont le poids vous opprime,
Auront pris dans vos bras votre sang pour victime !
Elles auront permis qu'aux yeux des citoyens
Votre fille ait paru dans d'infâmes liens,
Et ne permettront pas qu'au champ de la victoire
J'accompagne mon père et défende ma gloire !
Et le sexe en ces lieux, conduit aux échafauds,
Ne pourra se montrer qu'au milieu des bourreaux !
L'injustice à la fin produit l'indépendance.
Vous frémissez, mon père; ah ! vous deviez frémir
Quand, de vos ennemis caressant l'insolence,
Au superbe Orbassan vous pûtes vous unir
Contre le seul mortel qui prend votre défense,
Quand vous m'avez forcée à vous désobéir.

ARGIRE.

Va, c'est trop accabler un père déplorable :
N'abuse point du droit de me trouver coupable;
Je le suis, je le sens, je me suis condamné :
Ménage ma douleur; et si ton cœur encore
D'un père au désespoir ne s'est point détourné,
Laisse-moi seul mourir par les flèches du Maure.
Je vais joindre Tancrède, et tu n'en peux douter.
Vous, observez ses pas.

SCÈNE VII.

AMÉNAIDE.

Qui pourra m'arrêter ?
Tancrède, qui me hais, et qui m'as outragée,
Qui m'oses mépriser après m'avoir vengée,
Oui, je veux à tes yeux combattre et t'imiter;
Des traits sur toi lancés affronter la tempête,
En recevoir les coups.... en garantir ta tête;
Te rendre à tes côtés tout ce que je te doi;
Punir ton injustice en expirant pour toi;
Surpasser, s'il se peut, ta rigueur inhumaine;
Mourante entre tes bras, t'accabler de ma haine,
De ma haine trop juste, et laisser, à ma mort,
Dans ton cœur qui m'aima le poignard du remord,
L'éternel repentir d'un crime irréparable,
Et l'amour que j'abjure, et l'horreur qui m'accable.

FIN DU QUATRIÈME ACTE.

ACTE V.

SCÈNE PREMIÈRE.

LES CHEVALIERS ET LEURS ÉCUYERS, *l'épée à la main;* DES SOLDATS, *portant des trophées;* LE PEUPLE, *dans le fond.*

LORÉDAN.

Allez et préparez les chants de la victoire,
Peuple, au dieu des combats prodiguez votre encens;
C'est lui qui nous fait vaincre, à lui seul est la gloire.
S'il ne conduit nos coups, nos bras sont impuissans.
Il a brisé les traits, il a rompu les pièges
Dont nous environnaient ces brigands sacrilèges,
De cent peuples vaincus dominateurs cruels.
Sur leurs corps tout sanglans érigez vos trophées;
Et foulant à vos pieds leurs fureurs étouffées,
Des trésors du Croissant ornez nos saints autels.
Que l'Espagne opprimée, et l'Italie en cendre,
L'Égypte terrassée et la Syrie aux fers,
Apprennent aujourd'hui comme on peut se défendre
Contre ces fiers tyrans, l'effroi de l'univers.
C'est à nous maintenant de consoler Argire;
Que le bonheur public apaise ses douleurs;
Puissions-nous voir en lui, malgré tous ses malheurs,
L'homme d'état heureux quand le père soupire!

Mais pourquoi ce guerrier, ce héros inconnu,
A qui l'on doit, dit-on, le succès de nos armes,
Avec nos chevaliers n'est-il point revenu?
Ce triomphe à ses yeux a-t-il si peu de charmes?
Croit-il de ses exploits que nous soyons jaloux?
Nous sommes assez grands pour être sans envie.
Veut-il fuir Syracuse après l'avoir servie?
   (*à Catane.*)
Seigneur, il a long-temps combattu près de vous ;
D'où vient qu'ayant voulu courir notre fortune
Il n'en partage point l'allégresse commune ?

CATANE.

Apprenez-en la cause, et daignez m'écouter.
Quand du chemin d'Etna vous fermiez le passage,
Placé loin de vos yeux, j'étais vers le rivage
Où nos fiers ennemis osaient nous résister ;
Je l'ai vu courir seul et se précipiter.
Nous étions étonnés qu'il n'eût point ce courage
Inaltérable et calme au milieu du carnage,
Cette vertu d'un chef, et ce don d'un grand cœur :
Un désespoir affreux égarait sa valeur ;
Sa voix entrecoupée et son regard farouche
Annonçaient la douleur qui troublait ses esprits.
Il appelait souvent Solamir à grands cris ;
Le nom d'Aménaïde échappait de sa bouche ;
Il la nommait parjure, et, malgré ses fureurs,
De ses yeux enflammés j'ai vu tomber des pleurs.
Il cherchait à mourir ; et, toujours invincible,
Plus il s'abandonnait, plus il était terrible.

Tout cédait à nos coups, et surtout à son bras;
Nous revenions vers vous conduits par la victoire:
Mais lui, les yeux baissés, insensible à sa gloire,
Morne, triste, abattu, regrettant le trépas,
Il appelle en pleurant Aldamon qui s'avance;
Il l'embrasse, il lui parle, et loin de nous s'élance
Aussi rapidement qu'il avait combattu.
C'est pour jamais, dit-il. Ces mots nous laissent croire
Que ce grand chevalier, si digne de mémoire,
Veut être à Syracuse à jamais inconnu.
Nul ne peut soupçonner le dessein qui le guide;
Mais dans le même instant je vois Aménaïde,
Je la vois éperdue au milieu des soldats,
La mort dans les regards, pâle, défigurée;
Elle appelle Tancrède, elle vole égarée:
Son père en gémissant suit à peine ses pas;
Il ramène avec nous Aménaïde en larmes:
C'est Tancrède, dit-il, ce héros dont les armes
Ont étonné nos yeux par de si grands exploits,
Ce vengeur de l'état, vengeur d'Aménaïde,
C'est lui que ce matin, d'une commune voix,
Nous déclarions rebelle, et nous nommions perfide;
C'est ce même Tancrède exilé par nos lois.
Amis, que faut-il faire, et quel parti nous reste?

LORÉDAN.

Il n'en est qu'un pour nous, celui du repentir.
Persister dans sa faute est horrible et funeste:
Un grand homme opprimé doit nous faire rougir.

On condamna souvent la vertu, le mérite;
Mais quand ils sont connus il les faut honorer.

SCÈNE II.

LES CHEVALIERS, ARGIRE; AMÉNAIDE, *dans l'enfoncement, soutenue par ses femmes.*

ARGIRE, *arrivant avec précipitation.*
Il les faut secourir, il les faut délivrer.
Tancrède est en péril, trop de zèle l'excite :
Tancrède s'est lancé parmi les ennemis,
Contre lui ramenés, contre lui seul unis.
Hélas! j'accuse en vain mon âge qui me glace.
O vous de qui la force est égale à l'audace,
Vous qui du faix des ans n'êtes point affaiblis,
Courez tous, dissipez ma crainte impatiente,
Courez; rendez Tancrède à ma fille innocente.

LORÉDAN.
C'est nous en dire trop : le temps est cher, volons;
Secourons sa valeur qui devient imprudente,
Et cet emportement que nous désapprouvons.

SCÈNE III.

ARGIRE, AMÉNAIDE.

ARGIRE.
O Ciel! tu prends pitié d'un père qui t'adore;
Tu m'as rendu ma fille, et tu me rends encore

L'heureux libérateur qui nous a tous vengés.
   Aménaïde entre.)
Ma fille, un juste espoir dans nos cœurs doit renaître.
J'ai causé tes malheurs, je les ai partagés ;
Je les termine enfin : Tancrède va paraître.
Ne puis-je consoler tes esprits affligés ?

AMÉNAÏDE.

Je me consolerai quand je verrai Tancrède,
Quand ce fatal objet de l'horreur qui m'obsède
Aura plus de justice, et sera sans danger,
Quand j'apprendrai de vous qu'il vit sans m'outrager,
Et lorsque ses remords expîront mes injures

ARGIRE.

Je ressens ton état ; sans doute, il doit t'aigrir.
On n'essuya jamais des épreuves plus dures.
Je sais ce qu'il en coûte, et qu'il est des blessures
Dont un cœur généreux peut rarement guérir :
La cicatrice en reste, il est vrai ; mais, ma fille,
Nous avons vu Tancrède en ces lieux abhorré ;
Apprends qu'il est chéri, glorieux, honoré :
Sur toi-même il répand tout l'éclat dont il brille.
Après ce qu'il a fait, il veut nous faire voir,
Par l'excès de sa gloire, et de tant de services,
L'excès où ses rivaux portaient leurs injustices.
Le vulgaire est content, s'il remplit son devoir :
Il faut plus au héros, il faut que sa vaillance
Aille au delà du terme et de notre espérance.
C'est ce que fait Tancrède ; il passe notre espoir.
Il te verra constante, il te sera fidèle.

Le peuple en ta faveur s'élève et s'attendrit :
Tancrède va sortir de son erreur cruelle ;
Pour éclairer ses yeux, pour calmer son esprit,
Il ne faudra qu'un mot.

AMÉNAÏDE.

Et ce mot n'est pas dit.
Que m'importe à présent ce peuple et son outrage,
Et sa faveur crédule, et sa pitié volage,
Et la publique voix que je n'entendrai pas ?
D'un seul mortel, d'un seul dépend ma renommée.
Sachez que votre fille aime mieux le trépas
Que de vivre un moment sans en être estimée.
Sachez (il faut enfin m'en vanter devant vous)
Que dans mon bienfaiteur j'adorais mon époux.
Ma mère au lit de mort a reçu nos promesses ;
Sa dernière prière a béni nos tendresses :
Elle joignit nos mains, qui fermèrent ses yeux.
Nous jurâmes par elle, à la face des cieux,
Par ses mânes, par vous, vous, trop malheureux père,
De nous aimer en vous, d'être unis pour vous plaire,
De former nos liens dans vos bras paternels.
Seigneur.... les échafauds ont été nos autels.
Mon amant, mon époux cherche un trépas funeste,
Et l'horreur de ma honte est tout ce qui me reste.
Voilà mon sort,

ARGIRE.

Eh bien ! ce sort est réparé,
Et nous obtiendrons plus que tu n'as espéré.

AMÉNAÏDE.

Je crains tout.

SCÈNE IV.

ARGIRE, AMÉNAIDE, FANIE.

FANIE.

Partagez l'allégresse publique,
Jouissez plus que nous de ce prodige unique.
Tancrède a combattu ; Tancrède a dissipé
Le reste d'une armée au carnage échappé.
Solamir est tombé sous cette main terrible,
Victime dévouée à notre état vengé,
Au bonheur d'un pays qui devient invincible,
Surtout à votre nom qu'on avait outragé.
La prompte renommée en répand la nouvelle ;
Ce peuple, ivre de joie, et volant après lui,
Le nomme son héros, sa gloire, son appui,
Parle même du trône où sa vertu l'appelle.
Un seul de nos guerriers, Seigneur, l'avait suivi ;
C'est ce même Aldamon qui sous vous a servi.
Lui seul a partagé ses exploits incroyables ;
Et quand nos chevaliers, dans un danger si grand,
Lui sont venus offrir leurs armes secourables,
Tancrède avait tout fait, il était triomphant.
Entendez-vous ces cris qui vantent sa vaillance ?
On l'élève au-dessus des héros de la France,
Des Roland, des Lisois, dont il est descendu.
Venez de mille mains couronner sa vertu,

Venez voir ce triomphe, et recevoir l'hommage
Que vous avez de lui trop long-temps attendu.
Tout vous rit, tout vous sert, tout venge votre outrage;
Et Tancrède à vos vœux est pour jamais rendu.

AMÉNAÏDE.

Ah! je respire enfin; mon cœur connaît la joie.
Ah! mon père, adorons le Ciel qui me renvoie,
Par ces coups inouis, tout ce que j'ai perdu.
De combien de tourmens sa bonté nous délivre!
Ce n'est qu'en ce moment que je commence à vivre.
Mon bonheur est au comble; hélas! il m'est bien dû.
Je veux tout oublier; pardonnez-moi mes plaintes,
Mes reproches amers, et mes frivoles craintes.
Oppresseurs de Tancrède, ennemis, citoyens,
Soyez tous à ses pieds, il va tomber aux miens.

ARGIRE.

Oui, le Ciel pour jamais daigne essuyer nos larmes.
Je me trompe, ou je vois le fidèle Aldamon,
Qui suivait seul Tancrède, et secondait ses armes:
C'est lui, c'est ce guerrier si cher à ma maison.
De nos prospérités la nouvelle est certaine:
Mais d'où vient que vers nous il se traîne avec peine?
Est-il blessé? ses yeux annoncent la douleur.

SCÈNE V.

ARGIRE, AMÉNAIDE, ALDAMON, FANIE.

AMÉNAÏDE.

Parlez, cher Aldamon, Tancrède est donc vainqueur?

ALDAMON.

Sans doute il l'est, Madame.

AMÉNAÏDE.

A ces chants d'allégresse,
A ces voix que j'entends, il s'avance en ces lieux?

ALDAMON.

Ces chants vont se changer en des cris de tristesse.

AMÉNAÏDE.

Qu'entends-je? Ah, malheureuse!

ALDAMON.

Un jour si glorieux
Est le dernier des jours de ce héros fidèle.

AMÉNAÏDE.

Il est mort!

ALDAMON.

La lumière éclaire encor ses yeux,
Mais il est expirant d'une atteinte mortelle.
Je vous apporte ici de funestes adieux.
Cette lettre fatale, et de son sang tracée,
Doit vous apprendre, hélas, sa dernière pensée.
Je m'acquitte en tremblant de cet affreux devoir.

ARGIRE.

O jour de l'infortune! ô jour du désespoir!

AMÉNAÏDE, *revenant à elle.*

Donnez-moi mon arrêt, il me défend de vivre:
Il m'est cher.... O Tancrède! ô maître de mon sort!
Ton ordre, quel qu'il soit, est l'ordre de te suivre;
J'obéirai.... donnez votre lettre et la mort.

ACTE V, SCÈNE V.

ALDAMON.

Lisez donc; pardonnez ce triste ministère.

AMÉNAÏDE.

O mes yeux! lirez-vous ce sanglant caractère?
Le pourrai-je? Il le faut..., c'est mon dernier effort.
  (*Elle lit.*)
« Je ne pouvais survivre à votre perfidie ;
« Je meurs dans les combats, mais je meurs par vos
  coups.
« J'aurais voulu, cruelle, en m'exposant pour vous,
« Vous avoir conservé la gloire avec la vie.... »
Eh bien, mon père!
  (*Elle se rejette dans les bras de Fanie.*)

ARGIRE.

    Enfin, les destins désormais
Ont assouvi leur haine, ont épuisé leurs traits :
Nous voilà maintenant sans espoir et sans crainte.
Ton état et le mien ne permet plus la plainte.
Ma chère Aménaïde! avant que de quitter
Ce jour, ce monde affreux que je dois détester,
Que j'apprenne du moins à ma triste patrie
Les honneurs qu'on devait à ta vertu trahie ;
Que, dans l'horrible excès de ma confusion,
J'apprenne à l'univers à respecter ton nom.

AMÉNAÏDE.

Eh! que fait l'univers à ma douleur profonde?
Que me fait ma patrie et le reste du monde?
Tancrède meurt.

ARGIRE.

Je cède aux coups qui m'ont frappé.

AMÉNAÏDE.

Tancrède meurt! ô Ciel! sans être détrompé!
Vous en êtes la cause.... Ah! devant qu'il expire....
Que vois-je? mes tyrans!

SCÈNE VI.

LORÉDAN, CHEVALIERS, SUITE, AMÉNAIDE, ARGIRE, FANIE, ALDAMON; TANCRÈDE *dans le fond, porté par des soldats.*

LORÉDAN.

O malheureux Argire!
O fille infortunée! on conduit devant vous
Ce brave chevalier percé de nobles coups.
Il a trop écouté son aveugle furie;
Il a voulu mourir, mais il meurt en héros,
De ce sang précieux, versé pour la patrie,
Nos secours empresés ont suspendu les flots.
Cette âme qu'enflammait un courage intrépide,
Semble encor s'arrêter pour voir Aménaïde;
Il la nomme; les pleurs coulent de tous les yeux,
Et d'un juste remords je ne puis me défendre.

Pendant qu'il parle on approche lentement Tancrède vers Aménaïde, presque évanouie entre les bras de ses femmes; elle se débarrasse précipitamment des femmes qui la soutiennent, et se retournant avec horreur vers Lorédan, dit:

ACTE V, SCÈNE VI.

AMÉNAÏDE.

Barbares, laissez là vos remords odieux.
(*Puis courant à Tancrède, et se jetant à ses pieds.*)
Tancrède, cher amant, trop cruel et trop tendre,
Dans nos derniers instans, hélas! peux-tu m'entendre?
Tes yeux appesantis peuvent-ils me revoir?
Hélas! reconnais-moi, connais mon désespoir.
Dans le même tombeau souffre au moins ton épouse;
C'est là le seul honneur dont mon âme est jalouse.
Ce nom sacré m'est dû; tu me l'avais promis :
Ne sois point plus cruel que tous nos ennemis;
Honore d'un regard ton épouse fidèle....
(*Il la regarde.*)
C'est donc là le dernier que tu jettes sur elle!...
De ton cœur généreux son cœur est-il haï?
Peux-tu me soupçonner?

TANCRÈDE, *se soulevant un peu.*

Ah! vous m'avez trahi!

AMÉNAÏDE.

Qui! moi? Tancrède!

ARGIRE, *se jetant aussi à genoux de l'autre côté, et embrassant Tancrède, puis se relevant.*

Hélas! ma fille infortunée,
Pour t'avoir trop aimé, fut par nous condamnée,
Et nous la punissions de te garder sa foi.
Nous fûmes tous cruels envers elle, envers toi.
Nos lois, nos chevaliers, un tribunal auguste,
Nous avons failli tous; elle seule était juste.
Son écrit malheureux qui nous avait armés,

Cet écrit fut pour toi, pour le héros qu'elle aime.
Cruellement trompé, je t'ai trompé moi-même.
TANCRÈDE.
Aménaïde.... ô Ciel! est-il vrai? vous m'aimez!
AMÉNAÏDE.
Va, j'aurais en effet mérité mon supplice,
Ce supplice honteux, dont tu m'as su tirer,
Si j'avais un moment cessé de t'adorer,
Si mon cœur eût commis cette horrible injustice.
TANCRÈDE, *en reprenant un peu de force, et élevant la voix.*
Vous m'aimez! ô bonheur plus grand que mes revers!
Je sens trop qu'à ce mot je regrette la vie.
J'ai mérité la mort, j'ai cru la calomnie.
Ma vie était horrible, hélas! et je la perds
Quand un mot de ta bouche allait la rendre heureuse!
AMÉNAÏDE.
Ce n'est donc, juste Dieu! que dans cette heure affreuse!
Ce n'est qu'en le perdant que j'ai pu lui parler!
Ah, Tancrède!
TANCRÈDE.
      Vos pleurs devraient me consoler;
Mais il vous faut quitter: ma mort est douloureuse!
Je sens qu'elle s'approche. Argire, écoutez-moi:
Voilà le digne objet qui me donna sa foi,
Voilà de nos soupçons la victime innocente:
A sa tremblante main joignez ma main sanglante;

Que j'emporte au tombeau le nom de son époux.
Soyez mon père.

   ARGIRE, *prenant leurs mains.*

      Hélas ! mon cher fils, puissiez-vous
Vivre encore adoré d'une épouse chérie !

    TANCRÈDE.

J'ai vécu pour venger ma femme et ma patrie ;
J'expire entre leurs bras, digne de toutes deux,
De toutes deux aimé.... j'ai rempli tous mes vœux....
Ma chère Aménaïde !...

    AMÉNAÏDE.

    Eh bien !

    TANCRÈDE.

      Gardez de suivre
Ce malheureux amant.... et jurez-moi de vivre....

    (*Il retombe.*)

    CATANE.

Il expire.... et nos cœurs de regrets pénétrés....
Qui l'ont connu trop tard....

  AMÉNAÏDE, *se jetant sur le corps de Tancrède.*

      Il meurt, et vous pleurez....
Vous, cruels, vous, tyrans, qui lui coûtez la vie !

  (*Elle se relève, et marche.*)

Que l'enfer engloutisse, et vous, et ma patrie,
Et ce sénat barbare, et ses horribles droits
D'égorger l'innocence avec le fer des lois !
Que ne puis-je expirer dans Syracuse en poudre,
Sur vos corps tout sanglans écrasés par la foudre !

(*Elle se rejette sur le corps de Tancrède.*)
Tancrède! cher Tancrède!
(*Elle se relève en fureur.*)
Il meurt, et vous vivez?
Vous vivez, je le suis.... je l'entends, il m'appelle....
Il se rejoint à moi dans la nuit éternelle.
Je vous laisse aux tourmens qui vous sont réservés.
(*Elle tombe dans les bras de Fanie.*)

ARGIRE.

Ah, ma fille!

AMÉNAÏDE, *égarée, et le repoussant.*

Arrêtez... vous n'êtes point mon père;
Votre cœur n'en eut point le sacré caractère:
Vous fûtes leur complice.... Ah! pardonnez, hélas!
Je meurs en vous aimant.... j'expire entre tes bras,
Cher Tancrède....

(*Elle tombe à côté de lui.*)

ARGIRE.

O ma fille! ô ma chère Fanie!
Qu'avant ma mort, hélas! on la rende à la vie.

FIN DE TANCRÈDE.

O'RESTE,
TRAGÉDIE.

PERSONNAGES.

ORESTE, fils de Clytemnestre et d'Agamemnon.
ÉLECTRE,
IPHISE, } sœurs d'Oreste.
CLYTEMNESTRE, épouse d'Égisthe.
ÉGISTHE, tyran d'Argos.
PYLADE, ami d'Oreste.
PAMMÈNE, vieillard attaché à la famille d'Agamemnon.
DIMAS, officier des gardes.
SUITE.

(*Le théâtre doit représenter le rivage de la mer; un bois, un temple, un palais, et un tombeau, d'un côté; et, de l'autre, Argos dans le lointain.*)

ORESTE,
TRAGÉDIE.

ACTE PREMIER.

SCÈNE PREMIÈRE.

IPHISE, PAMMÈNE.

IPHISE.

Est-il vrai, cher Pammène, et ce lieu solitaire,
Ce palais exécrable où languit ma misère
Me verra-t-il goûter la funeste douceur
De mêler mes regrets aux larmes de ma sœur?
La malheureuse Électre, à mes douleurs si chère,
Vient-elle avec Égisthe au tombeau de mon père?
Égisthe ordonne-t-il qu'en ces solennités
Le sang d'Agamemnon paraisse à ses côtés?
Serons-nous les témoins de la pompe inhumaine
Qui célèbre le crime, et que ce jour amène?

PAMMÈNE.

Ministre malheureux d'un temple abandonné,
Du fond de ces déserts où je suis confiné
J'adresse au Ciel des vœux pour le retour d'Oreste;
Je pleure Agamemnon; j'ignore tout le reste.
O respectable Iphise! ô pur sang de mon roi!

Ce jour vient tous les ans répandre ici l'effroi.
Les desseins d'une cour en horreurs si fertile
Pénètrent rarement dans mon obscur asile.
Mais on dit qu'en effet Égisthe soupçonneux
Doit entraîner Électre à ces funèbres jeux;
Qu'il ne souffrira plus qu'Électre en son absence
Appelle par ses cris Argos à la vengeance.
Il redouble sa plainte, il craint que tous les cœurs
Ne réveillent leur haine au bruit de ses clameurs;
Et, d'un œil vigilant épiant sa conduite,
Il la traite en esclave, et la traîne à sa suite.

IPHISE.
Ma sœur esclave! ô Ciel! ô sang d'Agamemnon!
Un barbare à ce point outrage encor ton nom!
Et Clytemnestre, hélas! cette mère cruelle,
A permis cet affront, qui rejaillit sur elle!

PAMMÈNE.
Peut-être votre sœur avec moins de fierté
Devait de son tyran braver l'autorité,
Et n'ayant contre lui que d'impuissantes armes,
Mêler moins de reproche et d'orgueil à ses larmes.
Qu'a produit sa fierté? que servent ses éclats?
Elle irrite un barbare, et ne nous venge pas.

IPHISE.
On m'a laissé du moins dans ce funeste asile,
Un destin sans opprobre, un malheur plus tranquille.
Mes mains peuvent d'un père honorer le tombeau,
Loin de ses ennemis, et loin de son bourreau :
Dans ce séjour de sang, dans ce désert si triste,

Je pleure en liberté, je hais en paix Égisthe.
Je ne suis condamnée à l'horreur de le voir
Que lorsque, rappelant le temps du désespoir,
Le soleil à regret ramène la journée
Où le Ciel a permis ce barbare hyménée,
Où ce monstre, enivré du sang du roi des rois,
Où Clytemnestre....

SCÈNE II.

ÉLECTRE, IPHISE, PAMMÈNE.

IPHISE.

Hélas! est-ce vous que je vois,
Ma sœur?....

ÉLECTRE.

Il est venu ce jour où l'on apprête
Les détestables jeux de leur coupable fête;
Électre leur esclave, Électre votre sœur,
Vous annonce en leur nom leur horrible bonheur.

IPHISE.

Un destin moins affreux permet que je vous voie;
A ma douleur profonde il mêle un peu de joie ;
Et vos pleurs et les miens ensemble confondus....

ÉLECTRE.

Des pleurs! Ah! ma faiblesse en a trop répandus.
Des pleurs! ombre sacrée, ombre chère et sanglante,
Est-ce là le tribut qu'il faut qu'on te présente?
C'est du sang que je dois, c'est du sang que tu veux;
C'est parmi les apprêts de ces indignes jeux,

Dans ce cruel triomphe où mon tyran m'entraîne,
Que, ranimant ma force, et soulevant ma chaîne,
Mon bras, mon faible bras osera l'égorger
Au tombeau que sa rage ose encore outrager.
Quoi ! j'ai vu Clytemnestre, avec lui conjurée,
Lever sur son époux sa main trop assurée !
Et nous sur le tyran nous suspendons des coups
Que ma mère à mes yeux porta sur son époux !
O douleur ! ô vengeance ! ô vertu qui m'animes !
Pouvez-vous en ces lieux moins que n'ont pu les
. crimes ?
Nous seules désormais devons nous secourir :
Craignez-vous de frapper ? craignez-vous de mourir ?
Secondez de vos mains ma main désespérée ;
Fille de Clytemnestre, et rejeton d'Atrée,
Venez.

IPHISE.

Ah ! modérez ces transports impuissans ;
Commandez, chère Électre, au trouble de vos sens ;
Contre nos ennemis nous n'avons que des larmes :
Qui peut nous seconder ? comment trouver des armes ?
Comment frapper un roi de gardes entouré,
Vigilant, soupçonneux, par le crime éclairé ?
Hélas ! à nos regrets n'ajoutons point de craintes ;
Tremblez que le tyran n'ait écouté vos plaintes.

ÉLECTRE.

Je veux qu'il les écoute ; oui, je veux dans son cœur
Empoisonner sa joie, y porter ma douleur ;
Que mes cris jusqu'au Ciel puissent se faire entendre ;

Qu'ils appellent la foudre, et la fassent descendre ;
Qu'ils réveillent cent rois indignes de ce nom,
Qui n'ont osé venger le sang d'Agamemnon.
Je vous pardonne, hélas ! cette douleur captive,
Ces faibles sentimens de votre âme craintive :
Il vous ménage au moins. De son indigne loi
Le joug appesanti n'est tombé que sur moi.
Vous n'êtes point esclave, et d'opprobres nourrie ;
Vos yeux ne virent point ce parricide impie,
Ces vêtemens de mort, ces apprêts, ce festin,
Ce festin détestable, où, le fer à la main,
Clytemnestre... ma mère... ah ! cette horrible image
Est présente à mes yeux, présente à mon courage.
C'est là, c'est en ces lieux, où vous n'osez pleurer,
Où vos ressentimens n'osent se déclarer,
Que j'ai vu votre père, attiré dans le piége,
Se débattre et tomber sous leur main sacrilége.
Pammène, aux derniers cris, aux sanglots de ton roi,
Je crois te voir encore accourir avec moi ;
J'arrive. Quel objet ! une femme en furie
Recherchait dans son flanc les restes de sa vie.
Tu vis mon cher Oreste enlevé dans mes bras,
Entouré de dangers qu'il ne connaissait pas,
Près du corps tout sanglant de son malheureux père ;
A son secours encore il appelait sa mère.
Clytemnestre, appuyant mes soins officieux,
Sur ma tendre pitié daigna fermer les yeux ;
Et, s'arrêtant du moins au milieu de son crime,
Nous laissa loin d'Égisthe emporter la victime.

Oreste, dans ton sang consommant sa fureur,
Égisthe a-t-il détruit l'objet de sa terreur?
Es-tu vivant encore? as-tu suivi ton père?
Je pleure Agamemnon; je tremble pour un frère.
Mes mains portent des fers; et mes yeux, pleins de pleurs,
N'ont vu que des forfaits et des persécuteurs.

PAMMÈNE.

Filles d'Agamemnon, race divine et chère,
Dont j'ai vu la splendeur et l'horrible misère,
Permettez que ma voix puisse encore en vous deux
Réveiller cet espoir qui reste aux malheureux.
Avez-vous donc des dieux oublié les promesses?
Avez-vous oublié que leurs mains vengeresses
Doivent conduire Oreste en cet affreux séjour
Où sa sœur avec moi lui conserva le jour?
Qu'il doit punir Égisthe au lieu même où vous êtes,
Sur ce même tombeau, dans ces mêmes retraites,
Dans ces jours de triomphe, où son lâche assassin
Insulte encore au roi dont il perça le sein?
La parole des dieux n'est point vaine et trompeuse;
Leurs desseins sont couverts d'une nuit ténébreuse;
La peine suit le crime : elle arrive à pas lents.

ÉLECTRE.

Dieux, qui la préparez, que vous tardez long-temps!

IPHISE.

Vous le voyez, Pammène, Égisthe renouvelle
De son hymen sanglant la pompe criminelle.

ÉLECTRE.

Et mon frère, exilé de déserts en déserts,
Semble oublier son père, et négliger mes fers.

PAMMÈNE.

Comptez les temps ; voyez qu'il touche à peine l'âge
Où la force commence à se joindre au courage :
Espérez son retour, espérez dans les dieux.

ÉLECTRE.

Sage et prudent vieillard, oui, vous m'ouvrez les yeux.
Pardonnez à mon trouble, à mon impatience ;
Hélas ! vous me rendez un rayon d'espérance.
Qui pourrait de ces dieux encenser les autels,
S'ils voyaient sans pitié les malheurs des mortels,
Si le crime insolent, dans son heureuse ivresse,
Écrasait à loisir l'innocente faiblesse ?
Dieux, vous rendrez Oreste aux larmes de sa sœur ;
Votre bras suspendu frappera l'oppresseur.
Oreste ! entends ma voix, celle de ta patrie,
Celle du sang versé qui t'appelle et qui crie :
Viens du fond des déserts où tu fus élevé,
Où les maux exerçaient ton courage éprouvé.
Aux monstres des forêts ton bras fait-il la guerre ?
C'est aux monstres d'Argos, aux tyrans de la terre,
Aux meurtriers des rois que tu dois t'adresser :
Viens, qu'Électre te guide au sein qu'il faut percer.

IPHISE.

Renfermez ces douleurs, et cette plainte amère ;
Votre mère paraît.

ÉLECTRE.
Ai-je encore une mère?

SCÈNE III.

CLYTEMNESTRE, ÉLECTRE, IPHISE.

CLYTEMNESTRE.
Allez; que l'on me laisse en ces lieux retirés :
Pammène, éloignez-vous; mes filles, demeurez.
IPHISE.
Hélas! ce nom sacré dissipe mes alarmes.
ÉLECTRE.
Ce nom, jadis si saint, redouble encor mes larmes.
CLYTEMNESTRE.
J'ai voulu sur mon sort et sur vos intérêts
Vous dévoiler enfin mes sentimens secrets.
Je rends grâce au destin, dont la rigueur utile
De mon second époux rendit l'hymen stérile,
Et qui n'a pas formé dans ce funeste flanc
Un sang que j'aurais vu l'ennemi de mon sang.
Peut-être que je touche aux bornes de ma vie;
Et les chagrins secrets dont je fus poursuivie,
Dont toujours à vos yeux j'ai dérobé le cours,
Pourront précipiter le terme de mes jours.
Mes filles devant moi ne sont point étrangères;
Même en dépit d'Égisthe elles m'ont été chères :
Je n'ai point étouffé mes premiers sentimens;
Et, malgré la fureur de ses emportemens,
Électre, dont l'enfance a consolé sa mère

Du sort d'Iphigénie et des rigueurs d'un père,
Électre qui m'outrage, et qui brave mes lois,
Dans le fond de mon cœur n'a point perdu ses droits.

ÉLECTRE.

Qui ! vous, Madame, ô Ciel ! vous m'aimeriez encore ?
Quoi ! vous n'oubliez point ce sang qu'on déshonore ?
Ah ! si vous conservez des sentimens si chers,
Observez cette tombe, et regardez mes fers.

CLYTEMNESTRE.

Vous me faites frémir ; votre esprit inflexible
Se plaît à m'accabler d'un souvenir horrible ;
Vous portez le poignard dans ce cœur agité ;
Vous frappez une mère, et je l'ai mérité....

ÉLECTRE.

Eh bien ! vous désarmez une fille éperdue.
La nature en mon cœur est toujours entendue.
Ma mère, s'il le faut, je condamne à vos pieds
Ces reproches sanglans trop long-temps essuyés.
Aux fers de mon tyran par vous-même livrée,
D'Égisthe dans mon cœur je vous ai séparée.
Ce sang que je vous dois ne saurait vous trahir :
J'ai pleuré sur ma mère, et n'ai pu vous haïr.
Ah ! si le Ciel enfin vous parle et vous éclaire,
S'il vous donne en secret un remords salutaire,
Ne le repoussez pas ; laissez-vous pénétrer
A la secrète voix qui vous daigne inspirer ;
Détachez vos destins des destins d'un perfide ;
Livrez-vous tout entière à ce dieu qui vous guide ;
Appelez votre fils ; qu'il revienne en ces lieux

Reprendre de vos mains le rang de ses aïeux,
Qu'il punisse un tyran, qu'il règne, qu'il vous aime,
Qu'il venge Agamemnon, ses filles, et vous-même ;
Faites venir Oreste.

CLYTEMNESTRE.
Électre, levez-vous ;
Ne parlez point d'Oreste, et craignez mon époux.
J'ai plaint les fers honteux dont vous êtes chargée,
Mais d'un maître absolu la puissance outragée
Ne pouvait épargner qui ne l'épargne pas :
Et vous l'avez forcé d'appesantir son bras.
Moi-même, qui me vois sa première sujette,
Moi, qu'offensa toujours votre plainte indiscrète,
Qui tant de fois pour vous ai voulu le fléchir,
Je l'irritais encore au lieu de l'adoucir.
N'imputez qu'à vous seule un affront qui m'outrage ;
Pliez à votre état ce superbe courage ;
Apprenez d'une sœur comme il faut s'affliger,
Comme on cède au destin, quand on veut le changer.
Je voudrais dans le sein de ma famille entière
Finir un jour en paix ma fatale carrière ;
Mais, si vous vous hâtez, si vos soins imprudens
Appellent en ces lieux Oreste avant le temps,
Si d'Égisthe jamais il affronte la vue,
Vous hasardez sa vie, et vous êtes perdue ;
Et, malgré la pitié dont mes sens sont atteints,
Je dois à mon époux plus qu'au fils que je crains.

ÉLECTRE.
Lui, votre époux ? ô Ciel ! lui, ce monstre ? Ah ! ma mère,

Est-ce ainsi qu'en effet vous plaignez ma misère?
A quoi vous sert, hélas! ce remords passager?
Ce sentiment si tendre était-il étranger?
Vous menacez Électre, et votre fils lui-même!
        (à Iphise.)
Ma sœur! et c'est ainsi qu'une mère nous aime?
        (à Clytemnestre.)
Vous menacez Oreste...? Hélas! loin d'espérer
Qu'un frère malheureux nous vienne délivrer,
J'ignore si le Ciel a conservé sa vie;
J'ignore si ce maître abominable, impie,
Votre époux, puisqu'ainsi vous l'osez appeler,
Ne s'est pas en secret hâté de l'immoler.

IPHISE.

Madame, croyez-nous; je jure, j'en atteste
Les dieux dont nous sortons, et la mère d'Oreste,
Que, loin de l'appeler dans ce séjour de mort,
Nos yeux, nos tristes yeux sont fermés sur son sort.
Ma mère, ayez pitié de vos filles tremblantes,
De ce fils malheureux, de ses sœurs gémissantes;
N'affligez plus Électre : on peut à ses douleurs
Pardonner le reproche, et permettre les pleurs.

ÉLECTRE.

Loin de leur pardonner, on nous défend la plainte;
Quand je parle d'Oreste, on redouble ma crainte.
Je connais trop Égisthe et sa férocité;
Et mon frère est perdu puisqu'il est redouté.

CLYTEMNESTRE.

Votre frère est vivant, reprenez l'espérance;

Mais s'il est en danger, c'est par votre imprudence.
Modérez vos fureurs, et sachez aujourd'hui,
Plus humble en vos chagrins, respecter mon ennui.
Vous pensez que je viens, heureuse et triomphante,
Conduire dans la joie une pompe éclatante :
Électre, cette fête est un jour de douleur :
Vous pleurez dans les fers, et moi, dans ma grandeur.
Je sais quels vœux forma votre haine insensée.
N'implorez plus les dieux : ils vous ont exaucée.
Laissez-moi respirer.

SCÈNE IV.

CLYTEMNESTRE.

L'aspect de mes enfans
Dans mon cœur éperdu redouble mes tourmens.
Hymen ! fatal hymen ! crime long-temps prospère !
Nœuds sanglans qu'ont formés le meurtre et l'adultère !
Pompe jadis trop chère à mes yeux égarés !
Quel est donc cet effroi dont vous me pénétrez ?
Mon bonheur est détruit, l'ivresse est dissipée.
Une lumière horrible en ces lieux m'a frappée.
Qu'Égisthe est aveuglé, puisqu'il se croit heureux !
Tranquille, il me conduit à ces funèbres jeux ;
Il triomphe, et je sens succomber mon courage.
Pour la première fois je redoute un présage ;
Je crains Argos, Électre, et ses lugubres cris,
La Grèce, mes sujets, mon fils, mon propre fils.
Ah ! quelle destinée, et quel affreux supplice

De former de son sang ce qu'il faut qu'on haïsse !
De n'oser prononcer sans des troubles cruels
Les noms les plus sacrés, les plus chers aux mortels!
Je chassai de mon cœur la nature outragée;
Je tremble au nom d'un fils : la nature est vengée.

SCÈNE V.

ÉGISTHE, CLYTEMNESTRE.

CLYTEMNESTRE.

Ah ! trop cruel Égisthe, où guidiez-vous mes pas?
Pourquoi revoir ces lieux consacrés au trépas?

ÉGISTHE.

Quoi ! ces solennités qui vous étaient si chères,
Ces gages renaissans de nos destins prospères,
Deviendraient à vos yeux des objets de terreur !
Ce jour de notre hymen est-il un jour d'horreur ?

CLYTEMNESTRE.

Non; mais ce lieu peut-être est pour nous redoutable.
Ma famille y répand une horreur qui m'accable.
A des tourmens nouveaux tous mes sens sont ouverts.
Iphise dans les pleurs, Électre dans les fers,
Du sang versé par nous cette demeure empreinte,
Oreste, Agamemnon, tout me remplit de crainte.

ÉGISTHE.

Laissez gémir Iphise, et vous ressouvenez
Qu'après tous nos affronts trop long-temps pardonnés,
L'impétueuse Électre a mérité l'outrage
Dont j'humilie enfin cet orgueilleux courage.

Je la traîne enchaînée et je ne prétends pas
Que, de ses cris plaintifs alarmant mes états,
Dans Argos désormais sa dangereuse audace
Ose des dieux sur nous rappeler la menace,
D'Oreste aux mécontens promettre le retour.
On n'en parle que trop ; et depuis plus d'un jour
Partout le nom d'Oreste a blessé mon oreille,
Et ma juste colère à ce bruit se réveille.

CLYTEMNESTRE.

Quel nom prononcez-vous? tout mon cœur en frémit.
On prétend qu'en secret un oracle a prédit
Qu'un jour, en ce lieu même, où mon destin me guide,
Il porterait sur nous une main parricide.
Pourquoi tenter les dieux? pourquoi vous présenter
Aux coups qu'il vous faut craindre, et qu'on peut éviter?

ÉGISTHE.

Ne craignez rien d'Oreste. Il est vrai qu'il respire;
Mais loin que dans le piége Oreste nous attire,
Lui-même à ma poursuite il ne peut échapper.
Déjà de toutes parts j'ai su l'envelopper.
Errant et poursuivi de rivage en rivage,
Il promène en tremblant son impuissante rage;
Aux forêts d'Épidaure il s'est enfin caché.
D'Épidaure en secret le roi m'est attaché.
Plus que vous ne pensez on prend notre défense.

CLYTEMNESTRE.

Mais quoi, mon fils!

ÉGISTHE.
Je sais quelle est sa violence :
Il est fier, implacable, aigri par son malheur ;
Digne du sang d'Atrée, il en a la fureur.
CLYTEMNESTRE.
Ah ! Seigneur ! elle est juste !
ÉGISTHE.
Il faut la rendre vaine.
Vous savez qu'en secret j'ai fait partir Plistène :
Il est dans Épidaure.
CLYTEMNESTRE.
A quel dessein ? pourquoi ?
ÉGISTHE.
Pour assurer mon trône et calmer votre effroi.
Oui, Plistène, mon fils, adopté par vous-même,
L'héritier de mon nom et de mon diadème,
Est trop intéressé, Madame, à détourner
Des périls que toujours vous voulez soupçonner :
Il vous tient lieu de fils, n'en connaissez plus d'autre.
Vous savez, pour unir ma famille et la vôtre,
Qu'Électre eût pu prétendre à l'hymen de mon fils,
Si son cœur à vos lois eût été plus soumis,
Si vos soins avaient pu fléchir son caractère :
Mais je punis la sœur et je cherche le frère ;
Plistène me seconde ; en un mot il vous sert.
Notre ennemi commun sans doute est découvert
Vous frémissez, Madame ?
CLYTEMNESTRE.
O nouvelles victimes !

ORESTE.

Ne puis-je respirer qu'à force de grands crimes?
Égisthe, vous savez qui j'ai privé du jour....
Le fils que j'ai nourri périrait à son tour!
Ah! de mes jours usés le déplorable reste
Doit-il être acheté par un prix si funeste?

ÉGISTHE.

Songez....

CLYTEMNESTRE.

Souffrez du moins que j'implore une fois
Ce Ciel, dont si long-temps j'ai méprisé les lois.

ÉGISTHE.

Vous voulez qu'à mes vœux il mette des obstacles?
Qu'attendez-vous ici du Ciel et des oracles?
Au jour de notre hymen furent-ils écoutés?

CLYTEMNESTRE.

Vous rappelez des temps dont ils sont irrités.
De mon cœur étonné vous voyez le tumulte.
L'amour brava les dieux, la crainte les consulte.
N'insultez point, Seigneur, à mes sens affaiblis.
Le temps, qui change tout, a changé mes esprits,
Et peut-être des dieux la main appesantie
Se plaît à subjuguer ma fierté démentie.
Je ne sens plus en moi ce courage emporté,
Qu'en ce palais sanglant j'avais trop écouté.
Ce n'est pas que pour vous mon amitié s'altère :
Il n'est point d'intérêt que mon cœur vous préfère;
Mais une fille esclave, un fils abandonné,
Un fils mon ennemi, peut-être assassiné,

Et qui, s'il est vivant, me condamne et m'abhorre;
L'idée en est horrible, et je suis mère encore.
ÉGISTHE.
Vous êtes mon épouse, et surtout vous régnez.
Rappelez Clytemnestre à mes yeux indignés.
Écoutez-vous du sang le dangereux murmure
Pour des enfans ingrats qui bravent la nature?
Venez : votre repos doit sur eux l'emporter.
CLYTEMNESTRE.
Du repos dans le crime! ah, qui peut s'en flatter.

FIN DU PREMIER ACTE.

ACTE II.

SCÈNE PREMIÈRE.

ORESTE, PYLADE.

ORESTE.

Pylade, où sommes-nous? en quels lieux t'a conduit
Le malheur obstiné du destin qui me suit?
L'infortune d'Oreste environne ta vie.
Tout ce qu'a préparé ton amitié hardie,
Trésors, armes, soldats, a péri dans les mers.
Sans secours avec toi jeté dans les déserts,
Tu n'as plus qu'un ami dont le destin t'opprime.
Le Ciel nous ravit tout, hors l'espoir qui m'anime.
A peine as-tu caché sous ces rocs escarpés
Quelques tristes débris au naufrage échappés.
Connais-tu ce rivage où mon malheur m'arrête?

PYLADE.

J'ignore en quel climat nous jette la tempête;
Mais de notre destin pourquoi désespérer?
Tu vis; il me suffit: tout doit me rassurer.
Un dieu dans l'Épidaure a conservé ta vie,
Que le barbare Égisthe a toujours poursuivie;
Dans ton premier combat il a conduit tes mains.
Plistène sous tes coups a fini ses destins.

Marchons sous la faveur de ce dieu tutélaire,
Qui t'a livré le fils, qui t'a promis le père.
ORESTE.
Je n'ai contre un tyran sur le trône affermi,
Dans ces lieux inconnus, qu'Oreste et mon ami.
PYLADE.
C'est assez; et du Ciel je reconnais l'ouvrage.
Il nous a tout ravi par ce cruel naufrage,
Il veut seul accomplir ses augustes desseins;
Pour ce grand sacrifice il ne veut que nos mains.
Tantôt de trente rois il arme la vengeance;
Tantôt, trompant la terre, et frappant en silence,
Il veut, en signalant son pouvoir oublié,
N'armer que la nature et la seule amitié.
ORESTE.
Avec un tel secours bannissons nos alarmes.
Je n'aurai pas besoin de plus puissantes armes.
As-tu dans ces rochers qui défendent ces bords,
Où nous avons pris terre après de longs efforts,
As-tu caché du moins les cendres de Plistène,
Ces dépôts, ces témoins de vengeance et de haine,
Cette urne qui d'Égisthe a dû tromper les vœux?
PYLADE.
Échappée au naufrage elle est près de ces lieux.
Mes mains avec cette urne ont caché cette épée
Qui dans le sang troyen fut autrefois trempée;
Ce fer d'Agamemnon qui doit venger sa mort,
Ce fer qu'on enleva, quand, par un coup du sort,
Des mains des assassins ton enfance sauvée

Fut, loin des yeux d'Égisthe, en Phocide élevée.
L'anneau qui lui servait est encore en tes mains.

ORESTE.

Comment des dieux vengeurs accomplir les desseins?
Comment porter encore aux mânes de mon père
(*en montrant l'épée qu'il porte.*)
Ce glaive qui frappa mon indigne adversaire?
Mes pas étaient comptés par les ordres du Ciel :
Lui-même a tout détruit; un naufrage cruel
Sur ces bords ignorés nous jette à l'aventure.
Quel chemin peut conduire à cette cour impure,
A ce séjour du crime où j'ai reçu le jour?

PYLADE.

Regarde ce palais; ce temple, cette tour,
Ce tombeau, ces cyprès, ce bois sombre et sauvage;
De deuil et de grandeur tout offre ici l'image.
Mais un mortel s'avance en ces lieux retirés,
Triste, levant au Ciel des yeux désespérés;
Il paraît dans cet âge où l'humaine prudence
Sans doute a des malheurs la longue expérience :
Sur ton malheureux sort il pourra s'attendrir.

ORESTE.

Il gémit : tout mortel est donc né pour souffrir!

SCÈNE II.

ORESTE, PYLADE, PAMMÈNE.

PYLADE.

O qui que vous soyez, tournez vers nous la vue,
La terre où je vous parle est pour nous inconnue;

ACTE II, SCÈNE II.

Vous voyez deux amis et deux infortunés,
A la fureur des flots long-temps abandonnés.
Ce lieu nous doit-il être ou funeste ou propice?

PAMMÈNE.

Je sers ici les dieux, j'implore leur justice;
J'exerce en leur présence, en ma simplicité,
Les respectables droits de l'hospitalité.
Daignez, sous l'humble toit qu'habite ma vieillesse,
Mépriser des grands rois la superbe richesse :
Venez: les malheureux me sont toujours sacrés.

ORESTE.

Sage et juste habitant de ces bords ignorés,
Que des dieux par nos mains la puissance immortelle
De votre piété récompense le zèle!
Quel asile est le vôtre? et quelles sont vos lois?
Quel souverain commande aux lieux où je vous vois?

PAMMÈNE.

Égisthe règne ici; je suis sous sa puissance.

ORESTE.

Égisthe? Ciel! ô crime! ô terreur! ô vengeance!

PYLADE.

Dans ce péril nouveau gardez de vous trahir.

ORESTE.

Égisthe? justes dieux! celui qui fit périr....

PAMMÈNE.

Lui-même.

ORESTE.

     Et Clytemnestre après ce coup funeste...

PAMMÈNE.

Elle règne avec lui : l'univers sait le reste.

ORESTE.

Ce palais, ce tombeau....

PAMMÈNE.

Ce palais redouté
Est par Égisthe même en ce jour habité.
Mes yeux ont vu jadis élever cet ouvrage
Par une main plus digne et pour un autre usage.
Ce tombeau (pardonnez si je pleure à ce nom)
Est celui de mon roi, du grand Agamemnon.

ORESTE.

Ah! c'en est trop : le Ciel épuise mon courage.

PYLADE, *à Oreste.*

Dérobe-lui les pleurs qui baignent ton visage.

PAMMÈNE, *à Oreste qui se détourne.*

Étranger généreux, vous vous attendrissez ;
Vous voulez retenir les pleurs que vous versez :
Hélas ! qu'en liberté votre cœur se déploie ;
Plaignez le fils des dieux, et le vainqueur de Troie :
Que des yeux étrangers pleurent au moins son sort,
Tandis que dans ces lieux on insulte à sa mort.

ORESTE.

Si je fus élevé loin de cette contrée,
Je n'en chéris pas moins les descendans d'Atrée.
Un Grec doit s'attendrir sur le sort des héros.
Je dois surtout... Électre est-elle dans Argos ?

PAMMÈNE.

Seigneur, elle est ici.

ORESTE.
Je veux, je cours.
PYLADE.
Arrête.
Tu vas braver les dieux, tu hasardes ta tête.
Que je te plains!
(à Pammène.)
Daignez, respectable mortel,
Dans le temple voisin nous conduire à l'autel;
C'est le premier devoir. Il est temps que j'adore
Le dieu qui nous sauva sur la mer d'Épidaure.
ORESTE.
Menez-nous à ce temple, à ce tombeau sacré
Où repose un héros lâchement massacré :
Je dois à sa grande ombre un secret sacrifice.
PAMMÈNE.
Vous, seigneur? ô destins! ô céleste justice!
Eh quoi! deux étrangers ont un dessein si beau!
Ils viennent de mon maître honorer le tombeau!
Hélas! le citoyen, timidement fidèle,
N'oserait en ces lieux imiter ce saint zèle.
Dès qu'Égisthe paraît, la piété, Seigneur,
Tremble de se montrer, et rentre au fond du cœur.
Égisthe apporte ici le frein de l'esclavage.
Trop de danger vous suit.
ORESTE.
C'est ce qui m'encourage.
PAMMÈNE.
De tout ce que j'entends que mes sens sont saisis!

Je me tais... Mais, Seigneur, mon maître avait un fils,
Qui dans les bras d'Électre... Égisthe ici s'avance :
Clytemnestre le suit.... évitez leur présence.

ORESTE.

Quoi! c'est Égisthe?

PYLADE.

Il faut vous cacher à ses yeux.

SCÈNE III.

ÉGISTHE, CLYTEMNESTRE, *plus loin;*
PAMMÈNE, SUITE.

ÉGISTHE, *à Pammène.*

A qui dans ce moment parliez-vous dans ces lieux?
L'un de ces deux mortels porte sur son visage
L'empreinte des grandeurs et les traits du courage,
Sa démarche, son air, son maintien m'ont frappé :
Dans une douleur sombre il semble enveloppé :
Quel est-il? est-il né sous mon obéissance?

PAMMÈNE.

Je connais son malheur et non pas sa naissance.
Je devais des secours à ces deux étrangers,
Poussés par la tempête à travers ces rochers ;
S'ils ne me trompent point, la Grèce est leur patrie.

ÉGISTHE.

Répondez d'eux, Pammène : il y va de la vie.

CLYTEMNESTRE.

Eh quoi! deux malheureux en ces lieux abordés
D'un œil si soupçonneux seraient-ils regardés!

ACTE II, SCÈNE III.

ÉGISTHE.

On murmure, on m'alarme, et tout me fait ombrage.

CLYTEMNESTRE.

Hélas ! depuis quinze ans c'est là notre partage :
Nous craignons les mortels autant que l'on nous craint;
Et c'est un des poisons dont mon cœur est atteint.

ÉGISTHE, *à Pammènc.*

Allez, dis-je, et sachez quel lieu les a vus naître.
Pourquoi près du palais ils ont osé paraître ;
De quel port ils partaient ; et surtout quel dessein
Les guida sur ces mers dont je suis souverain.

SCÈNE IV.

ÉGISTHE, CLYTEMNESTRE.

ÉGISTHE.

Clytemnestre, vos dieux ont gardé le silence :
En moi seul désormais mettez votre espérance;
Fiez-vous à mes soins, vivez, régnez en paix,
Et d'un indigne fils ne me parlez jamais.
Quant au destin d'Électre, il est temps que j'y pense.
De nos nouveaux desseins j'ai pesé l'importance :
Sans doute, elle est à craindre; et je sais que son nom
Peut lui donner des droits au rang d'Agamemnon ;
Qu'un jour avec mon fils Électre en concurrence
Peut dans les mains du peuple emporter la balance.
Vous voulez qu'aujourd'hui je brise ses liens ;
Que j'unisse par vous ses intérêts aux miens ?
Vous voulez terminer cette haine fatale ,

Ces malheurs attachés aux enfans de Tantale?
Parlez-lui; mais craignons tous deux de partager
La honte d'un refus qu'il nous faudrait venger.
Je me flatte avec vous qu'un si triste esclavage
Doit plier de son cœur la fermeté sauvage;
Que ce passage heureux, et si peu préparé,
Du rang le plus abject à ce premier degré,
Le poids de la raison qu'une mère autorise,
L'ambition surtout la rendra plus soumise.
Gardez qu'elle résiste à sa félicité :
Il reste un châtiment pour sa témérité.
Ici, votre indulgence et le nom de son père
Nourrissent son orgueil au sein de la misère;
Qu'elle craigne, Madame, un sort plus rigoureux,
Un exil sans retour, et des fers plus honteux.

SCÈNE V.

CLYTEMNESTRE, ÉLECTRE.

CLYTEMNESTRE.

MA fille, approchez-vous; et d'un œil moins austère
Envisagez ces lieux, et surtout une mère.
Je gémis en secret, comme vous soupirez,
De l'avilissement où vos jours sont livrés;
Quoiqu'il fût dû peut-être à votre injuste haine,
Je m'en afflige en mère, et m'en indigne en reine.
J'obtiens grâce pour vous; vos droits vous sont rendus.

ÉLECTRE.

Ah, Madame! à vos pieds....

ACTE II, SCÈNE V.

CLYTEMNESTRE.
Je veux faire encore plus.

ÉLECTRE.

Eh! quoi?

CLYTEMNESTRE.
De votre sang soutenir l'origine,
Du grand nom de Pélops réparer la ruine,
Réunir ses enfans trop long-temps divisés.

ÉLECTRE.
Ah! parlez-vous d'Oreste? achevez, disposez.

CLYTEMNESTRE.
Je parle de vous-même, et votre âme obstinée
A son propre intérêt doit être ramenée.
De tant d'abaissement c'est peu de vous tirer :
Électre, au trône un jour il vous faut aspirer.
Vous pouvez, si ce cœur connaît le vrai courage,
De Mycène et d'Argos espérer l'héritage :
C'est à vous de passer, des fers que vous portez,
A ce suprême rang des rois dont vous sortez.
D'Égisthe contre vous j'ai su fléchir la haine;
Il veut vous voir en fille, il vous donne Plistène.
Plistène est d'Épidaure attendu chaque jour,
Votre hymen est fixé pour son heureux retour.
D'un brillant avenir goûtez déjà la gloire;
Le passé n'est plus rien, perdez-en la mémoire.

ÉLECTRE.
A quel oubli, grands dieux! ose-t-on m'inviter?
Quel horrible avenir m'ose-t-on présenter?
O sort! ô derniers coups tombés sur ma famille!

Songez-vous au héros dont Électre est la fille,
Madame, osez-vous bien, par un crime nouveau,
Abandonner Électre au fils de son bourreau?
Le sang d'Agamemnon! qui? moi? la sœur d'Oreste?
Électre au fils d'Égisthe, au neveu de Thyeste!
Ah! rendez-moi mes fers; rendez-moi tout l'affront
Dont la main des tyrans a fait rougir mon front;
Rendez-moi les horreurs de cette servitude,
Dont j'ai fait une épreuve et si longue et si rude.
L'opprobre est mon partage; il convient à mon sort.
J'ai supporté la honte, et vu de près la mort,
Votre Égisthe cent fois m'en avait menacée,
Mais enfin c'est par vous qu'elle m'est annoncée.
Cette mort à mes sens inspire moins d'effroi
Que les horribles vœux qu'on exige de moi.
Allez; de cet affront je vois trop bien la cause.
Je vois quels nouveaux fers un lâche me propose.
Vous n'avez plus de fils; son assassin cruel
Craint les droits de ses sœurs au trône paternel :
Il veut forcer mes mains à seconder sa rage,
Assurer à Plistène un sanglant héritage,
Joindre un droit légitime aux droits des assassins,
Et m'unir aux forfaits par les nœuds les plus saints.
Ah! si j'ai quelques droits, s'il est vrai qu'il les craigne,
Dans ce sang malheureux que sa main les éteigne;
Qu'il achève, à vos yeux, de déchirer mon sein :
Et, si ce n'est assez, prêtez-lui votre main.
Frappez; joignez Électre à son malheureux frère;
Frappez, dis-je; à vos coups je connaîtrai ma mère.

CLYTEMNESTRE.

Ingrate, c'en est trop; et toute ma pitié
Cède enfin, dans mon cœur, à ton inimitié.
Que n'ai-je point tenté? que pouvais-je plus faire,
Pour fléchir, pour briser ton cruel caractère?
Tendresse, châtimens, retour de mes bontés,
Tes reproches sanglans souvent même écoutés,
Raison, menace, amour, tout, jusqu'à la couronne,
Où tu n'as d'autres droits que ceux que je te donne;
J'ai prié, j'ai puni, j'ai pardonné sans fruit.
Va, j'abandonne Électre au malheur qui la suit;
Va, je suis Clytemnestre, et surtout je suis reine.
Le sang d'Agamemnon n'a de droits qu'à ma haine.
C'est trop flatter la tienne, et, de ma faible main,
Caresser le serpent qui déchire mon sein.
Pleure, tonne, gémis, j'y suis indifférente :
Je ne verrai dans toi qu'une esclave imprudente,
Flottant entre la plainte et la témérité,
Sous la puissante main de son maître irrité.
Je t'aimai, malgré toi : l'aveu m'en est bien triste;
Je ne suis plus pour toi que la femme d'Égisthe;
Je ne suis plus ta mère; et toi seul as rompu
Ces nœuds infortunés de ce cœur combattu,
Ces nœuds, qu'en frémissant, réclamait la nature,
Que ma fille déteste, et qu'il faut que j'abjure.

SCÈNE VI.

ÉLECTRE.

Et c'est ma mère! O ciel! fut-il jamais pour moi,
Depuis la mort d'un père, un jour plus plein d'effroi?
Hélas! j'en ai trop dit : ce cœur plein d'amertume,
Répandait, malgré lui, le fiel qui le consume.
Je m'emporte, il est vrai; mais ne m'a-t-elle pas
D'Oreste, en ses discours, annoncé le trépas?
On offre sa dépouille à sa sœur désolée !
De ces lieux tout sanglans la nature exilée,
Et qui ne laisse ici qu'un nom qui fait horreur,
Se renfermait, pour lui, tout entière en mon cœur.
S'il n'est plus, si ma mère à ce point m'a trahie,
A quoi bon ménager ma plus grande ennemie?
Pourquoi? pour obtenir, de ses tristes faveurs,
De ramper dans la cour de mes persécuteurs ?
Pour lever, en tremblant aux dieux qui me trahissent
Ces languissantes mains que mes chaînes flétrissent?
Pour voir avec des yeux de larmes obscurcis,
Dans le lit de mon père, et sur son trône assis,
Ce monstre, ce tyran, ce ravisseur funeste,
Qui m'ôte encor ma mère, et me prive d'Oreste?

SCÈNE VII.

ÉLECTRE, IPHISE.

IPHISE.

Chère Électre, apaisez ces cris de la douleur.

ÉLECTRE.

Moi!

IPHISE.

Partagez ma joie.

ÉLECTRE.

Au comble du malheur,
Quelle funeste joie à nos cœurs étrangère!

IPHISE.

Espérons.

ÉLECTRE.

Non, pleurez; si j'en crois une mère,
Oreste est mort, Iphise.

IPHISE.

Ah! si j'en crois mes yeux,
Oreste vit encore, Oreste est en ces lieux.

ÉLECTRE.

Grands dieux! Oreste! lui? serait-il bien possible?
Ah! gardez d'abuser une âme trop sensible.
Oreste, dites-vous?

IPHISE.

Oui.

ÉLECTRE.

D'un songe flatteur
Ne me présentez pas la dangereuse erreur.
Oreste! poursuivez; je succombe à l'atteinte
Des mouvemens confus d'espérance et de crainte.

IPHISE.

Ma sœur, deux inconnus, qu'à travers mille morts,
La main d'un dieu, sans doute, a jetés sur ces bords,

Recueillis par les soins du fidèle Pammène....
L'un des deux....

ÉLECTRE.

Je me meurs, et me soutiens à peine
L'un des deux...?

IPHISE.

Je l'ai vu; quel feu brille en ses yeux
Il avait l'air, le port, le front des demi-dieux,
Tel qu'on peint le héros qui triompha de Troie;
La même majesté sur son front se déploie.
A mes avides yeux soigneux de s'arracher,
Chez Pammène, en secret, il semble se cacher.
Interdite, et le cœur tout plein de son image,
J'ai couru vous chercher sur ce triste rivage,
Sous ces sombres cyprès, dans ce temple éloigné,
Enfin vers ce tombeau de nos larmes baigné.
Je l'ai vu, ce tombeau, couronné de guirlandes,
De l'eau sainte arrosé, couvert encor d'offrandes;
Des cheveux, si mes yeux ne se sont pas trompés,
Tels que ceux du héros dont mes sens sont frappés;
Une épée, et c'est là ma plus ferme espérance;
C'est le signe éclatant du jour de la vengeance :
Et quel autre qu'un fils, qu'un frère, qu'un héros,
Suscité par les dieux pour le salut d'Argos,
Aurait osé braver ce tyran redoutable?
C'est Oreste, sans doute; il en est seul capable;
C'est lui, le Ciel l'envoie, il m'en daigne avertir.
C'est l'éclair qui paraît; la foudre va partir.

ÉLECTRE.

Je vous crois; j'attends tout : mais n'est-ce point un piége
Que tend de mon tyran la fourbe sacrilége ?
Allons : de mon bonheur il me faut assurer.
Ces étrangers.... Courons; mon cœur va m'éclairer.

IPHISE.

Pammène m'avertit, Pammène nous conjure
De ne point approcher de sa retraite obscure.
Il y va de ses jours.

ÉLECTRE.

Ah ! que m'avez-vous dit.
Non ; vous êtes trompée, et le Ciel nous trahit.
Mon frère, après seize ans, rendu dans sa patrie,
Eût volé dans les bras qui sauvèrent sa vie ;
Il eût porté la joie à ce cœur désolé ;
Loin de vous fuir, Iphise, il vous aurait parlé.
Ce fer vous assurait, et j'en suis alarmée.
Une mère cruelle est trop bien informée.
J'ai cru voir, et j'ai vu dans ses yeux interdits
Le barbare plaisir d'avoir perdu son fils.
N'importe, je conserve un reste d'espérance :
Ne m'abandonnez pas, ô dieux de la vengeance !
Pammène à mes transports pourra-t-il résister?
Il faut qu'il parle : allons ; rien ne peut m'arrêter.

IPHISE.

Vous vous perdez; songez qu'un maître impitoyable
Nous obsède, nous suit d'un œil inévitable.
Si mon frère est venu, nous l'allons découvrir;

Ma sœur, en lui parlant, nous le faisons périr :
Et si ce n'est pas lui, notre recherche vaine
Irrite nos tyrans, met en danger Pammène.
Je revole au tombeau, que je puis honorer :
Clytemnestre du moins m'a permis d'y pleurer.
Cet étranger, ma sœur, y peut paraître encore ;
C'est un asile sûr ; et ce Ciel que j'implore,
Ce Ciel, dont votre audace accusa les rigueurs,
Pourra le rendre encore à vos cris, à mes pleurs.
Venez.

ÉLECTRE.

De quel espoir ma douleur est suivie !
Ah ! si vous me trompez, vous m'arrachez la vie

FIN DU SECOND ACTE.

ACTE III.

SCÈNE PREMIÈRE.

ORESTE, PYLADE.

(Un esclave porte une urne; et un autre, une épée.)

PYLADE.

Quoi! verrai-je toujours ta grande âme égarée
Souffrir tous les tourmens des descendans d'Atrée,
De l'attendrissement passer à la fureur?

ORESTE.

C'est le destin d'Oreste; il est né pour l'horreur.
J'étais dans ce tombeau lorsque ton œil fidèle
Veillait sur ces dépôts confiés à ton zèle;
J'appelais en secret ces mânes indignés;
Je leur offrais mes dons de mes larmes baignés.
Une femme, vers moi courant désespérée,
Avec des cris affreux dans la tombe est entrée,
Comme si, dans ces lieux qu'habite la terreur,
Elle eût fui sous les coups de quelque dieu vengeur.
Elle a jeté sur moi sa vue épouvantée :
Elle a voulu parler; sa voix s'est arrêtée.
J'ai vu soudain, j'ai vu les filles de l'enfer
Sortir, entre elle et moi, de l'abîme entr'ouvert.

Leurs serpens, leurs flambeaux, leur voix sombre et terrible
M'inspiraient un transport inconcevable, horrible,
Une fureur atroce; et je sentais ma main
Se lever, malgré moi, prête à percer son sein :
Ma raison s'enfuyait de mon âme éperdue.
Cette femme, en tremblant, s'est soustraite à ma vue,
Sans s'adresser aux dieux, et sans les honorer;
Elle semblait les craindre, et non les adorer;
Plus loin, versant des pleurs, une fille timide,
Sur la tombe et sur moi fixant un œil avide,
D'Oreste, en gémissant, a prononcé le nom.

SCÈNE II.

ORESTE, PYLADE, PAMMÈNE.

ORESTE, *à Pammène.*

O vous, qui secourez le sang d'Agamemnon,
Vous, vers qui nos malheurs et nos dieux sont mes guides,
Parlez; révélez-moi les destins des Atrides.
Qui sont ces deux objets dont l'un m'a fait horreur,
Et l'autre a dans mes sens fait passer la douleur?
Ces deux femmes....

PAMMÈNE.
Seigneur, l'une était votre mère....

ORESTE.
Clytemnestre! elle insulte aux mânes de mon père?

ACTE III, SCÈNE II.

PAMMÈNE.

Elle venait aux dieux vengeurs des attentats
Demander un pardon qu'elle n'obtiendra pas.
L'autre était votre sœur, la tendre et simple Iphise,
A qui de ce tombeau l'entrée était permise.

ORESTE.

Hélas! que fait Électre?

PAMMÈNE.

                Elle croit votre mort;
Elle pleure.

ORESTE.

       Ah! grands dieux, qui conduisez mon sort,
Quoi! vous ne voulez pas que ma bouche affligée
Console de mes sœurs la tendresse outragée!
Quoi! toute ma famille, en ces lieux abhorrés,
Est un sujet de trouble à mes sens déchirés!

PAMMÈNE.

Obéissons aux dieux.

ORESTE.

            Que cet ordre est sévère?

PAMMÈNE.

Ne vous en plaignez point; cet ordre est salutaire :
La vengeance est pour eux. Ils ne prétendent pas
Qu'on touche à leur ouvrage, et qu'on aide leurs bras:
Électre vous nuirait, loin de vous être utile;
Son caractère ardent, son courage indocile,
Incapable de feindre, et de rien ménager,
Servirait à vous perdre au lieu de vous venger.

ORESTE.

Mais quoi! les abuser par cette feinte horrible?

PAMMÈNE.

N'oubliez point ces dieux, dont le secours sensible
Vous a rendu la vie au milieu du trépas.
Contre leur volonté si vous faites un pas,
Ce moment vous dévoue à leur haine fatale:
Tremblez, malheureux fils d'Atrée et de Tantale,
Tremblez de voir sur vous, en ces lieux détestés,
Tomber tous les fléaux du sang dont vous sortez.

ORESTE.

Pourquoi nous imposer, par des lois inhumaines,
Et des devoirs nouveaux, et de nouvelles peines?
Les mortels malheureux n'en ont-ils pas assez?
Sous des fardeaux sans nombre ils vivent terrassés.
A quel prix, dieux puissans, avons-nous reçu l'être?
N'importe, est-ce à l'esclave à condamner son maître?
Obéissons, Pammène.

PAMMÈNE.

    Il le faut, et je cours
Éblouir le barbare armé contre vos jours.
Je dirai qu'aujourd'hui le meurtier d'Oreste
Doit remettre en ses mains cette cendre funeste.

ORESTE.

Allez donc. Je rougis même de le tromper.

PAMMÈNE.

Aveuglons la victime, afin de la frapper.

SCÈNE III.

ORESTE, PYLADE.

PYLADE.

Apaise de tes sens le trouble involontaire,
Renferme dans ton cœur un secret nécessaire;
Cher Oreste, crois-moi, des femmes et des pleurs
Du sang d'Agamemnon sont de faibles vengeurs.

ORESTE.

Trompons surtout Égisthe et ma coupable mère.
Qu'ils goûtent de ma mort la douceur passagère;
Si pourtant une mère a pu porter jamais
Sur la cendre d'un fils des regards satisfaits!

PYLADE.

Attendons-les ici tous deux à leur passage.

SCÈNE IV.

ÉLECTRE, IPHISE, *d'un côté;* ORESTE, PYLADE, *de l'autre, avec un esclave qui porte l'urne et l'épée.*

ÉLECTRE.

L'espérance trompée accable et décourage.
Un seul mot de Pammène a fait évanouir
Ces songes imposteurs dont vous osiez jouir.
Ce jour faible et tremblant qui consolait ma vue,
Laisse une horrible nuit sur mes yeux répandue.
Ah! la vie est pour nous un cercle de douleur!

ORESTE, *à Pylade.*

Tu vois ces deux objets, qui m'arrachent le cœur.

PYLADE.

Sous les lois des tyrans tout gémit tout s'attriste.

ORESTE.

La plainte doit régner dans l'empire d'Égisthe.

IPHISE, *à Électre.*

Voilà ces étrangers.

ÉLECTRE.

Présage douloureux!
Le nom d'Égisthe, ô Ciel! est prononcé par eux.

IPHISE.

L'un d'eux est ce héros dont les traits m'ont frappée.

ÉLECTRE.

Hélas! ainsi que vous j'aurais été trompée.
(*à Oreste.*)
Eh! qui donc êtes-vous, étrangers malheureux?
Que venez-vous chercher sur ce rivage affreux?

ORESTE.

Nous attendons ici les ordres, la présence
Du roi qui tient Argos sous son obéissance.

ÉLECTRE.

Qui? du roi! quoi! des Grecs osent donner ce nom
Au tyran qui versa le sang d'Agamemnon!

PYLADE.

Il règne; c'est assez, et le Ciel nous ordonne
Que, sans peser ses droits, nous respections son trône.

ACTE III, SCÈNE IV.

ÉLECTRE.

Maxime horrible et lâche! Eh! que demandez-vous
Au monstre ensanglanté qui règne ici sur nous?

PYLADE.

Nous venons lui porter des nouvelles heureuses.

ÉLECTRE.

Elles sont donc pour nous inhumaines, affreuses?

IPHISE, *en voyant l'urne.*

Quelle est cette urne, hélas! ô surprise! ô douleurs!

PYLADE.

Oreste....

ÉLECTRE.

Oreste! ah dieux! il est mort; je me meurs.

ORESTE, *à Pylade.*

Qu'avons-nous fait, ami, peut-on les méconnaître
A l'excès des douleurs que nous voyons paraître?
Tout mon sang se soulève. Ah, princesse! ah! vivez.

ÉLECTRE.

Moi, vivre! Oreste est mort. Barbares, achevez.

IPHISE.

Hélas! d'Agamemnon vous voyez ce qui reste,
Ses deux filles, les sœurs du malheureux Oreste.

ORESTE.

Électre! Iphise! où suis-je? impitoyables dieux!
(*à celui qui porte l'urne.*)
Otez ces monumens; éloignez de leurs yeux
Cette urne dont l'aspect....

ÉLECTRE, *revenant à elle, et courant vers l'urne.*

Cruel, qu'osez-vous dire?

Ah! ne m'en privez pas ; et devant que j'expire,
Laissez, laissez toucher à mes tremblantes mains
Ces restes échappés à des dieux inhumains.
Donnez.
(*Elle prend l'urne et l'embrasse.*)

ORESTE.
Que faites-vous? cessez.
PYLADE.
Le seul Égisthe
Dut recevoir de nous ce monument si triste.
ÉLECTRE.
Qu'entends-je? ô nouveau crime! ô désastres plus
    grands!
Les cendres de mon frère aux mains de mes tyrans!
Des meurtriers d'Oreste, ô Ciel, suis-je entourée?
ORESTE.
De ce reproche affreux mon âme déchirée
Ne peut plus....
ÉLECTRE.
    Et c'est vous qui partagez mes pleurs?
Au nom du fils des rois, au nom des dieux vengeurs,
S'il n'est pas mort par vous, si vos mains généreuses
Ont daigné recueillir ses cendres malheureuses....
ORESTE.
Ah dieux!
ÉLECTRE.
    Si vous plaignez son trépas et ma mort,
Répondez-moi; comment avez-vous su son sort?
Étiez-vous son ami? dites-moi qui vous êtes,

ACTE III, SCÈNE IV.

Vous surtout, dont les traits..... Vos bouches sont muettes;
Quand vous m'assassinez, vous êtes attendris.

ORESTE.

C'en est trop, et les dieux sont trop bien obéis.

ÉLECTRE.

Que dites-vous?

ORESTE.

Laissez ces dépouilles horribles.

ÉLECTRE.

Tous les cœurs aujourd'hui seront-ils inflexibles?
Non, fatal étranger, je ne rendrai jamais
Ces présens doulourenx que ta pitié m'a faits;
C'est Oreste, c'est lui.... Vois sa sœur expirante
L'embrasser en mourant de sa main défaillante.

ORESTE.

Je n'y résiste plus. Dieux inhumains tonnez.
Électre....

ÉLECTRE.

Eh bien?...

ORESTE.

Je dois....

PYLADE.

Ciel!

ÉLECTRE.

Poursuis.

ORESTE.

Apprenez...

SCÈNE V.

ÉGISTHE, CLYTEMNESTRE, ORESTE, PYLADE, ÉLECTRE, IPHISE, PAMMÈNE, GARDES.

ÉGISTHE.

Quel spectacle! ô fortune à mes lois asservie!
Pammène, est-il donc vrai? mon rival est sans vie?
Vous ne me trompiez point, sa douleur m'en instruit.

ÉLECTRE.

O rage! ô dernier jour!

ORESTE.

Où me vois-je réduit?

ÉGISTHE.

Qu'on ôte de ses mains ces dépouilles d'Oreste.
(*On prend l'urne des mains d'Électre.*)

ÉLECTRE.

Barbare, arrache-moi le seul bien qui me reste :
Tigre, avec cette cendre, arrache-moi le cœur,
Joins le père aux enfans, joins le frère à la sœur.
Monstre heureux, à tes pieds vois toutes tes victimes,
Jouis de ton bonheur, jouis de tous tes crimes.
Contemplez avec lui des spectacles si doux,
Mère trop inhumaine; ils sont dignes de vous.
(*Iphise l'emmène.*)

SCÈNE VI.

ÉGISTHE, CLYTEMNESTRE, ORESTE, PYLADE, GARDES.

CLYTEMNESTRE.

Que me faut-il entendre !

ÉGISTHE.

Elle en sera punie.
Qu'elle se plaigne au Ciel, ce Ciel me justifie ;
Sans me charger du meurtre, il l'a du moins permis :
Nos jours sont assurés, nos trônes affermis.
Voilà donc ces deux Grecs échappés du naufrage,
De qui je dois payer le zèle et le courage.

ORESTE.

C'est nous-mêmes : j'ai dû vous offrir ces présens,
D'un important trépas gages intéressans ;
Ce glaive, cet anneau : vous devez les connaître ;
Agamemnon les eut quand il fut votre maître ;
Oreste les portait.

CLYTEMNESTRE.

Quoi ! c'est vous que mon fils....
Si vous l'avez vaincu, je vous en dois le prix.
De quel sang êtes-vous ? qui vois-je en vous paraître ?

ORESTE.

Mon nom n'est point connu.... Seigneur, il pourra
    l'être.
Mon père aux champs troyens a signalé son bras,
Aux yeux de tous ces rois vengeurs de Ménélas.

Il périt dans ces temps de malheurs et de gloire
Qui des Grecs triomphans ont suivi la victoire.
Ma mère m'abandonne, et je suis sans secours;
Des ennemis cruels ont poursuivi mes jours.
Cet ami me tient lieu de fortune et de père.
J'ai recherché l'honneur et bravé la misère.
Seigneur, tel est mon sort.

ÉGISTHE.

Dites-moi dans quels lieux
Votre bras m'a vengé de ce prince odieux.

ORESTE.

Dans les champs d'Hermione, au tombeau d'Achémore,
Dans un bois qui conduit au temple d'Épidaure.

ÉGISTHE.

Mais le roi d'Épidaure avait proscrit ses jours ;
D'où vient qu'à ses bienfaits vous n'avez point recours?

ORESTE.

Je chéris la vengeance, et je hais l'infamie.
Ma main d'un ennemi n'a point vendu la vie.
Des intérêts secrets, Seigneur, m'avaient conduit :
Cet ami les connut ; il en fut seul instruit.
Sans implorer des rois, je venge ma querelle.
Je suis loin de vanter ma victoire et mon zèle ;
Seigneur.... d'Agamemnon la veuve est devant moi....
Peut-être je la sers, peut-être je l'offense :
Il ne m'appartient pas de braver sa présence.
Je sors....

ÉGISTHE.

Non, demeurez.

CLYTEMNESTRE.

Qu'il s'écarte, Seigneur;
Son aspect me remplit d'épouvante et d'horreur.
C'est lui que j'ai trouvé dans la demeure sombre
Où d'un roi malheureux repose la grande ombre.
Les déités du Styx marchaient à ses côtés.

ÉGISTHE.

Qui! vous?... qu'osiez-vous faire en ces lieux écartés?

ORESTE.

J'allais, comme la reine, implorer la clémence
De ces mânes sanglans qui demandent vengeance.
Le sang qu'on a versé doit s'expier, Seigneur.

CLYTEMNESTRE.

Chaque mot est un trait enfoncé dans mon cœur.
Éloignez de mes yeux cet assassin d'Oreste.

ORESTE.

Cet Oreste, dit-on, dut vous être funeste :
On disait que proscrit, errant, et malheureux,
De haïr une mère il eut le droit affreux.

CLYTEMNESTRE.

Il naquit pour verser le sang qui le fit naître.
Tel fut le sort d'Oreste, et son dessein peut-être.
De sa mort cependant mes sens sont pénétrés.
Vous me faites frémir, vous qui m'en délivrez.

ORESTE.

Qui! lui, Madame? un fils armé contre sa mère!
Ah! qui peut effacer ce sacré caractère?
Il respectait son sang.... peut-être il eût voulu....

ORESTE.

CLYTEMNESTRE.

Ah Ciel!

ÉGISTHE.

Que dites-vous? où l'aviez-vous connu?

PYLADE.

Il se perd.... Aisément les malheureux s'unissent;
Trop promptement liés, promptement ils s'aigrissent
Nous le vîmes dans Delphe.

ORESTE.

Oui.... j'y sus son dessein.

ÉGISTHE.

Eh bien, quel était-il?

ORESTE.

De vous percer le sein.

ÉGISTHE.

Je connaissais sa rage, et je l'ai méprisée.
Mais de ce nom d'Oreste Électre autorisée
Semblait tenir encor tout l'état partagé;
C'est d'Électre surtout que vous m'avez vengé.
Elle a mis aujourd'hui le comble à ses offenses :
Comptez-la désormais parmi vos récompenses.
Oui, ce superbe objet contre moi conjuré,
Ce cœur enflé d'orgueil, et de haine enivré,
Qui même de mon fils dédaigna l'alliance,
Digne sœur d'un barbare avide de vengeance,
Je la mets dans vos fers; elle va vous servir :
C'est m'acquitter vers vous bien moins que la punir.
Si de Priam jadis la race malheureuse

ACTE III, SCÈNE VI.

Traîna chez ses vainqueurs une chaîne honteuse,
Le sang d'Agamemnon peut servir à son tour.

CLYTEMNESTRE.

Qui, moi? je souffrirais....

ÉGISTHE.

Eh, Madame, en ce jour,
Défendez-vous encor ce sang qui vous déteste?
N'épargnez point Électre, ayant proscrit Oreste.

(*à Oreste.*)

Vous.... laissez cette cendre à mon juste courroux.

ORESTE.

J'accepte vos présens; cette cendre est à vous.

CLYTEMNESTRE.

Non, c'est pousser trop loin la haine et la vengeance;
Qu'il parte, qu'il emporte une autre récompense.
Vous-même, croyez-moi, quittons ces tristes bords.
Qui n'offrent à mes yeux que les cendres des morts.
Osons-nous préparer ce festin sanguinaire
Entre l'urne du fils et la tombe du père?
Osons-nous appeler à nos solennités
Les dieux de ma famille à qui vous insultez,
Et livrer, dans les jeux d'une pompe funeste,
Le sang de Clytemnestre au meurtrier d'Oreste?
Non; trop d'horreur ici s'obstine à me troubler;
Quand je connais la crainte, Égisthe peut trembler.
Ce meurtrier m'accable; et je sens que sa vue
A porté dans mon cœur un poison qui me tue.
Je cède, et je voudrais, dans ce mortel effroi,
Me cacher à la terre, et, s'il se peut, à moi.

(*Elle sort.*)

ÉGISTHE, *à Oreste.*

Demeurez. Attendez que le temps la désarme.
La nature un moment jette un cri qui l'alarme;
Mais bientôt, dans un cœur à la raison rendu,
L'intérêt parle en maître, et seul est entendu.
En ces lieux avec nous célébrez la journée
De son couronnement et de mon hyménée.
      (*à sa suite.*)
Et vous.... dans Épidaure allez chercher mon fils;
Qu'il vienne confirmer tout ce qu'ils m'ont appris.

SCÈNE VII.

ORESTE, PYLADE.

ORESTE.

Va, tu verras Oreste à tes pompes cruelles;
Va, j'ensanglanterai la fête où tu m'appelles.

PYLADE.

Dans tous ces entretiens que je tremble pour vous
Je crains votre tendresse, et plus votre courroux;
Dans ses émotions je vois votre âme altière,
A l'aspect du tyran, s'élançant tout entière;
Tout prêt de l'insulter, tout prêt de vous trahir,
Au nom d'Agamemnon vous m'avez fait frémir.

ORESTE.

Ah! Clytemnestre encor trouble plus mon courage
Dans mon cœur déchiré quel douloureux partage
As-tu vu dans ses yeux, sur son front interdit,
Les combats qu'en son âme excitait mon récit?

Je les éprouvais tous; ma voix était tremblante,
Ma mère en me voyant s'effraie et m'épouvante.
Le meurtre de mon père, et mes sœurs à venger,
Un barbare à punir, la reine à ménager,
Électre, son tyran, mon sang qui se soulève;
Que de tourmens secrets! ô dieu terrible, achève!
Précipite un moment trop lent pour ma fureur,
Ce moment de vengance, et que prévient mon cœur!
Quand pourrai-je servir ma tendresse et ma haine,
Mêler le sang d'Égisthe aux cendres de Plistène,
Immoler ce tyran, le montrer à ma sœur
Expirant sous mes coups, pour la tirer d'erreur?

SCÈNE VIII.

ORESTE, PYLADE, PAMMÈNE.

ORESTE.

Qu'as-tu fait, cher Pammène? as-tu quelque espérance?

PAMMÈNE.

Seigneur, depuis ce jour fatal à votre enfance,
Où j'ai vu dans ces lieux votre père égorgé,
Jamais plus de périls ne nous ont assiégé.

ORESTE.

Comment!

PYLADE.

Quoi! pour Oreste aurai-je à craindre encore.

PAMMÈNE.

Il arrive à l'instant un courrier d'Épidaure;

Il est avec Égisthe; il glace mes esprits :
Égisthe est informé de la mort de son fils.

PYLADE.

Ciel !

ORESTE.

Sait-il que ce fils élevé dans le crime,
Du fils d'Agamemnon est tombé la victime ?

PAMMÈNE.

On parle de sa mort, on ne dit rien de plus ;
Mais de nouveaux avis sont encore attendus.
On se tait à la cour, on cache à la contrée
Que d'un de ses tyrans la Grèce est délivrée.
Égisthe avec la reine en secret renfermé
Écoute ce récit, qui n'est pas confirmé ;
Et c'est ce que j'apprends d'un serviteur fidèle,
Qui, pour le sang des rois comme moi plein de zèle,
Gémissant et caché, traîne encor ses vieux ans
Dans un service ingrat à la cour des tyrans.

ORESTE.

De la vengeance au moins j'ai goûté les prémices ;
Mes mains ont commencé mes justes sacrifices ;
Les dieux permettront-ils que je n'achève pas ?
Cher Pylade, est-ce en vain qu'ils ont armé mon bras ?
Par des bienfaits trompeurs exerçant leur colère,
M'ont-ils donné le fils pour me livrer au père ?
Marchons ; notre péril doit nous déterminer :
Qui ne craint point la mort, est sûr de la donner.
Avant qu'un jour plus grand puisse éclairer sa rage,
Je veux de ce moment saisir tout l'avantage.

ACTE III, SCÈNE VIII.

PAMMÈNE.

Eh bien! il faut paraître, il faut vous découvrir
A ceux qui pour leur roi sauront du moins mourir.
Il en est, j'en réponds, cachés dans ces asiles;
Plus ils sont inconnus, plus ils seront utiles.

PYLADE.

Allons; et si les noms d'Oreste et de sa sœur,
Si l'indignation contre l'usurpateur,
Le tombeau de ton père, et l'aspect de sa cendre,
Les dieux qui t'ont conduit ne peuvent te défendre;
S'il faut qu'Oreste meure en ces lieux abhorrés,
Je t'ai voué mes jours, ils te sont consacrés.
Nous périrons unis; c'est l'espoir qui me reste;
Pylade à tes côtés mourra digne d'Oreste.

ORESTE.

Ciel! ne frappe que moi, mais daigne, en ta pitié,
Protéger son courage, et servir l'amitié.

FIN DU TROISIÈME ACTE.

ACTE IV.

SCÈNE PREMIÈRE.

ORESTE, PYLADE.

ORESTE.

De Pammène, il est vrai, la sage vigilance
D'Égisthe pour un temps trompe la défiance;
On lui dit que les dieux, de Tantale ennemis,
Frappaient en même temps les derniers de ses fils.
Peut-être que le Ciel, qui pour nous se déclare,
Répand l'aveuglement sur les yeux du barbare.
Mais tu vois ce tombeau si cher à ma douleur;
Ma main l'avait chargé de mon glaive vengeur;
Ce fer est enlevé par des mains sacriléges.
L'asile de la mort n'a plus de priviléges;
Et je crains que ce glaive, à mon tyran porté,
Ne lui donne sur nous quelque affreuse clarté.
Précipitons l'instant où je veux le surprendre.

PYLADE.

Pammène veille à tout, sans doute il faut l'attendre.
Dès que nous aurons vu dans ces bois écartés,
Le peu de vos sujets à vous suivre excités,
Par trois divers chemins retrouvons-nous ensemble.
Non loin de cette tombe, au lieu qui nous rassemble

ACTE IV, SCÈNE I.

ORESTE.

Allons.... Pylade, ah Ciel; ah, trop barbare loi!
Ma rigueur assassine un cœur qui vit pour moi!
Quoi! j'abandonne Électre à sa douleur mortelle!

PYLADE.

Tu l'as juré, poursuis, et ne redoute qu'elle.
Électre peut te perdre et ne peut te servir;
Les yeux de tes tyrans sont tout prêts de s'ouvrir :
Renferme cette amour et si sainte et si pure.
Doit-on craindre en ces lieux de dompter la nature?
Ah! de quels sentimens te laisses-tu troubler?
Il faut venger Électre, et non la consoler.

ORESTE.

Pylade, elle s'avance, et me cherche peut-être.

PYLADE.

Ses pas sont épiés; garde-toi de paraître.
Va, j'observerai tout avec empressement :
Les yeux de l'amitié se trompent rarement.

SCÈNE II.

ÉLECTRE, IPHISE, PYLADE.

ÉLECTRE.

Le perfide.... Il échappe à ma vue indignée.
En proie à ma fureur, et de larmes baignée,
Je reste sans vengeance, ainsi que sans espoir.
          (à *Pylade*.)
Toi, qui sembles frémir, et qui n'oses me voir,

Toi, compagnon du crime, apprends-moi donc, barbare,
Où va cet assassin, de mon sang trop avare;
Ce maître à qui je suis, qu'un tyran m'a donné.

PYLADE.

Il remplit un devoir par le Ciel ordonné;
Il obéit aux dieux : imitez-le, Madame.
Les arrêts du destin trompent souvent notre âme;
Il conduit les mortels, il dirige leurs pas
Par des chemins secrets qu'ils ne connaissent pas;
Il plonge dans l'abîme, et bientôt en retire;
Il accable de fers, il élève à l'empire;
Il fait trouver la vie au milieu des tombeaux.
Gardez de succomber à vos tourmens nouveaux.
Soumettez-vous; c'est tout ce que je puis vous dire.

SCÈNE III.

ÉLECTRE, IPHISE.

ÉLECTRE.

Ses discours ont accru la fureur qui m'inspire.
Que veut-il. Prétend-il que je doive souffrir
L'abominable affront dont on m'ose couvrir?
La mort d'Agamemnon, l'assassinat d'un frère,
N'avaient donc pu combler ma profonde misère!
Après quinze ans de maux et d'opprobres soufferts,
De l'assassin d'Oreste il faut porter les fers,
Et, pressée en tout temps d'une main meurtrière,
Servir tous les bourreaux de ma famille entière!

Glaive affreux, fer sanglant, qu'un outrage nouveau
Exposait en triomphe à ce sacré tombeau,
Fer teint du sang d'Oreste, exécrable trophée,
Qui trompas un moment ma douleur étouffée!
Toi qui n'es qu'un outrage à la cendre des morts,
Sers un projet plus digne, et mes justes efforts.
Égisthe, m'a-t-on dit, s'enferme avec la reine;
De quelque nouveau crime il prépare la scène,
Pour fuir la main d'Électre il prend de nouveaux soins;
A l'assassin d'Oreste on peut aller du moins.
Je ne puis me baigner dans le sang des deux traîtres:
Allons, je vais du moins punir un de mes maîtres.

IPHISE.

Est-il bien vrai qu'Oreste ait péri de sa main?
J'avais cru voir en lui le cœur le plus humain;
Il partageait ici notre douleur amère;
Je l'ai vu révérer la cendre de mon père.

ÉLECTRE.

Ma mère en fait autant: les coupables mortels
Se baignent dans le sang, et tremblent aux autels;
Ils passent, sans rougir, du crime au sacrifice.
Est-ce ainsi que des dieux on trompe la justice?
Il ne trompera pas mon courage irrité.
Quoi! de ce meurtre affreux ne s'est-il pas vanté?
Égisthe au meurtrier ne m'a-t-il pas donnée?
Ne suis-je pas enfin la preuve infortunée,
La victime, le prix de ces noirs attentats,
Dont vous osez douter, quand je meurs dans vos bras?
Quand Oreste au tombeau m'appelle avec son père,

Ma sœur, ah! si jamais Électre vous fut chère,
Ayez du moins pitié de mon dernier moment :
Il faut qu'il soit terrible ; il faut qu'il soit sanglant.
Allez; informez-vous de ce que fait Pammène,
Et si le meurtrier n'est point avec la reine.
La cruelle a, dit-on, flatté mes ennemis;
Tranquille, elle a reçu l'assassin de son fils ;
On l'a vu partager (et ce crime est croyable)
De son indigne époux la joie impitoyable.
Une mère! ah, grands dieux!..ah! je veux de ma main,
A ses yeux, dans ses bras, immoler l'assassin;
Je le veux.

IPHISE.

Vos douleurs lui font trop d'injustice;
L'aspect du meurtrier est pour elle un supplice.
Ma sœur, au nom des dieux, ne précipitez rien.
Je vais avec Pammène avoir un entretien.
Électre, ou je m'abuse, ou l'on s'obstine à taire,
A cacher à nos yeux un important mystère.
Peut-être on craint en vous ces éclats douloureux,
Imprudence excusable au cœur des malheureux:
On se cache de vous; Pammène vous évite :
J'ignore comme vous quel projet il médite :
Laissez-moi lui parler, laissez-moi vous servir.
Ne vous préparez pas un nouveau repentir.

SCÈNE IV.

ÉLECTRE.

Un repentir ! qui ? moi ! mes mains désespérées

Dans ce grand abandon seront plus assurées.
Euménides, venez, soyez ici mes dieux;
Vous connaissez trop bien ces détestables lieux,
Ce palais, plus rempli de malheurs et de crimes
Que vos gouffres profonds regorgeant de victimes :
Filles de la vengeance, armez-vous, armez-moi ;
Venez avec la mort, qui marche avec l'effroi;
Que vos fers, vos flambeaux, vos glaives étincellent;
Oreste, Agamemnon, Électre, vous appellent :
Les voici, je les vois, et les vois sans terreur;
L'aspect de mes tyrans m'inspirait plus d'horreur.
Ah ! le barbare approche; il vient; ses pas impies
Sont à mes yeux vengeurs entourés de furies.
L'enfer me le désigne, et le livre à mon bras.

SCÈNE V.

ÉLECTRE, *dans le fond;* ORESTE, *d'un autre côté.*

ORESTE.

Où suis-je? C'est ici qu'on adressa mes pas.
O ma patrie ! ô terre à tous les miens fatale !
Redoutable berceau des enfans de Tantale,
Famille des héros et des grands criminels,
Les malheurs de ton sang seront-ils éternels ?
L'horreur qui règne ici m'environne et m'accable.
De quoi suis-je puni ! de quoi suis-je coupable ?
Au sort de mes aïeux ne pourrais-je échapper ?

ÉLECTRE, *avançant un peu du fond du théâtre.*
Qui m'arrête? et d'où vient que je crains de frapper?
Avançons.

ORESTE.
Quelle voix ici s'est fait entendre?
Père, époux malheureux, chère et terrible cendre,
Est-ce toi qui gémis, ombre d'Agamemnon?

ÉLECTRE.
Juste Ciel! est-ce à lui de prononcer ce nom?

ORESTE.
O malheureuse Électre!

ÉLECTRE.
Il me nomme, il soupire!
Les remords en ces lieux ont-ils donc quelque empire?
Qu'importe des remords à mon juste courroux?
(*Elle avance vers Oreste.*)
Frappons.... Meurs, malheureux!

ORESTE, *lui saisissant le bras.*
Justes dieux! est-ce vous,
Chère Électre?...

ÉLECTRE.
Qu'entends-je?

ORESTE.
Hélas! qu'alliez-vous faire?

ÉLECTRE.
J'allais verser ton sang; j'allais venger mon frère.

ORESTE, *la regardant avec attendrissement.*
Le venger! et sur qui?

ÉLECTRE.
Son aspect, ses accens,

ACTE IV, SCÈNE V.

Ont fait trembler mon bras, ont fait frémir mes sens.
Quoi! c'est vous dont je suis l'esclave malheureuse !

ORESTE.

C'est moi qui suis à vous.

ÉLECTRE.

O vengeance trompeuse!
D'où vient qu'en vous parlant tout mon cœur est
    changé?

ORESTE.

Sœur d'Oreste....

ÉLECTRE.

Achevez.

ORESTE.

Où me suis-je engagé?

ÉLECTRE.

Ah! ne me trompez plus : parlez; il faut m'apprendre
L'excès du crime affreux que j'allais entreprendre ;
Par pitié, répondez, éclairez-moi, parlez.

ORESTE.

Je ne puis.... fuyez-moi.

ÉLECTRE.

Qui! moi vous fuir !

ORESTE.

Tremblez.

ÉLECTRE.

Pourquoi?

ORESTE.

Je suis...Cessez. Gardez qu'on ne nous voie.

ÉLECTRE.

Ah! vous me remplissez de terreur et de joie!

ORESTE.

Si vous aimez un frère...

ÉLECTRE.

Oui, je l'aime; oui, je crois
Voir les traits de mon père, entendre encor sa voix;
La nature nous parle, et perce ce mystère;
Ne lui résistez pas : oui, vous êtes mon frère,
Vous l'êtes, je vous vois; je vous embrasse; hélas!
Cher Oreste, et ta sœur a voulu ton trépas!

ORESTE, *en l'embrassant.*

Le Ciel menace en vain, la nature l'emporte;
Un dieu me retenait; mais Électre est plus forte.

ÉLECTRE.

Il t'a rendu ta sœur, et tu crains son courroux!

ORESTE.

Ses ordres menaçans me dérobaient à vous.
Est-il barbare assez pour punir ma faiblesse?

ÉLECTRE.

Ta faiblesse est vertu : partage mon ivresse.
A quoi m'exposais-tu, cruel? à t'immoler.

ORESTE.

J'ai trahi mon serment.

ÉLECTRE.

Tu l'as dû violer.

ORESTE.

C'est le secret des dieux.

ÉLECTRE.

C'est moi qui te l'arrache,

Moi, qu'un serment plus saint à leur vengeance attache ;
Que crains-tu ?

ORESTE.

Les horreurs où je suis destiné,
Les oracles, ces lieux, ce sang dont je suis né.

ÉLECTRE.

Ce sang va s'épurer : viens punir le coupable ;
Les oracles, les dieux, tout nous est favorable ;
Ils ont paré mes coups, ils vont guider les tiens.

SCÈNE VI.

ÉLECTRE, ORESTE, PYLADE, PAMMÈNE.

ÉLECTRE.

Ah ! venez et joignez tous vos transports aux miens ;
Unissez-vous à moi, chers amis de mon frère.

PYLADE, *à Oreste.*

Quoi ! vous avez trahi ce dangereux mystère !
Pouvez-vous...

ORESTE.

Si le Ciel veut se faire obéir,
Qu'il me donne des lois que je puisse accomplir.

ÉLECTRE, *à Pylade.*

Quoi ! vous lui reprochez de finir ma misère ?
Cruel ! par quelle loi, par quel ordre sévère,
De mes persécuteurs prenant les sentimens,
Dérobiez-vous Oreste à mes embrassemens ?
A quoi m'exposiez-vous ? Quelle rigueur étrange.....

PYLADE.

Je voulais le sauver : qu'il vive et qu'il vous venge

PAMMÈNE.

Princesse, on vous observe en ces lieux détestés;
On entend vos soupirs et vos pas sont comptés.
Mes amis inconnus, et dont l'humble fortune
Trompe de nos tyrans la recherche importune,
Ont adoré leurs maîtres : il était secondé;
Tout était prêt, Madame, et tout est hasardé.

ÉLECTRE.

Mais Égisthe en effet ne m'a-t-il pas livrée
A la main qu'il croyait de mon sang altérée?
 (à Oreste.)
Mon sort à vos destins n'est-il pas asservi?
Oui, vous êtes mon maître : Égisthe est obéi.
Du barbare une fois la volonté m'est chère.
Tout est ici pour nous.

PAMMÈNE.

Tout vous devient contraire
Égisthe est alarmé, redoutez son transport;
Ses soupçons, croyez-moi, sont un arrêt de mort.
Séparons-nous.

PYLADE, *à Pammène.*

Va, cours, ami fidèle et sage,
Rassemble tes amis, achève ton ouvrage.
Les momens nous sont chers; il est temps d'éclater.

SCÈNE VII.

ÉGISTHE, CLYTEMNESTRE, ÉLECTRE, ORESTE, PYLADE, GARDES.

ÉGISTHE.

Ministres de mes lois, hâtez-vous d'arrêter,
Dans l'horreur des cachots de plonger ces deux
    traîtres.

ORESTE.

Autrefois dans Argos il régnait d'autres maîtres,
Qui connaissaient les droits de l'hospitalité.

PYLADE.

Égisthe, contre toi qu'avons-nous attenté ?
De ce héros au moins respecte la jeunesse.

ÉGISTHE.

Allez, et secondez ma fureur vengeresse.
Quoi donc ! à son aspect vous semblez tous frémir ?
Allez, dis-je, et gardez de me désobéir :
Qu'on les traîne.

ÉLECTRE.

         Arrêtez ! Osez-vous bien, barbare..
Arrêtez ! le Ciel même est de leur sang avare ;
Ils sont tous deux sacrés...On les entraîne... ah dieux !

ÉGISTHE.

Électre, frémissez pour vous comme pour eux ;
Perfide, en m'éclairant redoutez ma colère.

SCÈNE VIII.

ÉLECTRE, CLYTEMNESTRE.

ÉLECTRE.

Ah ! daignez m'écouter; et si vous êtes mère,
Si j'ose rappeler vos premiers sentimens,
Pardonnez pour jamais mes vains emportemens,
D'une douleur sans borne effet inévitable ;
Hélas ! dans les tourmens la plainte est excusable.
Pour ces deux étrangers laissez-vous attendrir :
Peut-être que dans eux le Ciel vous daigne offrir
La seule occasion d'expier vos offenses
Dont vous avez tant craint les terribles vengeances ;
Peut-être, en les sauvant, tout se peut réparer.

CLYTEMNESTRE.

Quel intérêt pour eux vous peut donc inspirer ?

ÉLECTRE.

Vous voyez que les dieux ont respecté leur vie ;
Ils les ont arrachés à la mer en furie ;
Le Ciel vous les confie, et vous répondez d'eux.
L'un d'eux... si vous saviez.... tous deux sont malheureux
Sommes-nous dans Argos, ou bien dans la Tauride,
Où de meurtres sacrés une prêtresse avide,
Du sang des étrangers fait fumer son autel?
Eh bien ! pour les ravir tous deux au coup mortel,
Que faut-il ? Ordonnez, j'épouserai Plistène;
Parlez, j'embrasserai cette effroyable chaîne :

ACTE IV, SCÈNE VIII.

Ma mort suivra l'hymen; mais je veux l'achever :
J'obéis, j'y consens.

CLYTEMNESTRE.

Voulez-vous me braver?
Ou bien ignorez-vous qu'une main ennemie
Du malheureux Plistène a terminé la vie?

ÉLECTRE.

Quoi donc, le Ciel est juste! Égisthe perd un fils?

CLYTEMNESTRE.

De joie à ce discours je vois vos sens saisis!

ÉLECTRE.

Ah! dans le désespoir où mon âme se noie;
Mon cœur ne peut goûter une funeste joie;
Non, je n'insulte point au sort d'un malheureux,
Et le sang innocent n'est pas ce que je veux.
Sauvez ces étrangers; mon âme intimidée
Ne voit point d'autre objet, et n'a point d'autre idée.

CLYTEMNESTRE.

Va, je t'entends trop bien ; tu m'as trop confirmé
Les soupçons dont Égisthe était tant alarmé.
Ta bouche est de mon sort l'interprète funeste,
Tu n'en as que trop dit, l'un des deux est Oreste.

ÉLECTRE.

Eh bien ! s'il était vrai, si le Ciel l'eût permis...
Si dans vos mains, Madame, il mettait votre fils...

CLYTEMNESTRE.

O moment redouté ! que faut-il que je fasse?

ÉLECTRE.

Quoi ! vous hésiteriez à demander sa grâce !

ui ! votre fils ! ô Ciel !... quoi, ses périls passés...
est mort; c'en est fait, puisque vous balancez.
CLYTEMNESTRE.
ne balance point : va, ta fureur nouvelle
e peut même affaiblir ma bonté maternelle;
le prends sous ma garde : il pourra m'en punir...
on nom seul me prépare un cruel avenir...
N'importe... Je suis mère, il suffit ; inhumaine,
J'aime encor mes enfans... tu peux garder ta haine.
ÉLECTRE.
Non, Madame, à jamais je suis à vos genoux.
Ciel, enfin tes faveurs égalent ton courroux.
Tu veux changer les cœurs, tu veux sauver mon frère,
Et pour comble de biens, tu m'as rendu ma mère.

FIN DU QUATRIÈME ACTE.

ACTE V.

SCÈNE PREMIÈRE.

ÉLECTRE.

On m'interdit l'accès de cette affreuse enceinte;
Je cours, je viens, j'attends, je me meurs dans la crainte;
En vain je tends aux dieux ces bras chargés de fers;
Iphise ne vient point; les chemins sont ouverts :
La voici : je frémis.

SCÈNE II.

ÉLECTRE, IPHISE.

ÉLECTRE.

Que faut-il que j'espère ?
Qu'a-t-on fait ? Clytemnestre ose-t-elle être mère ?
Ah ! si... Mais un tyran l'asservit aux forfaits.
Peut-elle réparer les malheurs qu'elle a faits ?
En a-t-elle la force ? en a-t-elle l'idée ?
Parlez. Désespérez mon âme intimidée;
Achevez mon trépas.

IPHISE.

J'espère, mais je crains.
Égisthe a des avis, mais ils sont incertains;

Il s'égare, il ne sait, dans son trouble funeste,
S'il tient entre ses mains le malheureux Oreste;
Il n'a que des soupçons, qu'il n'a point éclaircis;
Et Clytemnestre au moins n'a point nommé son fils.
Elle le voit, l'entend ; ce moment la rappelle
Aux premiers sentimens d'une âme maternelle;
Ce sang prêt à couler parle à ses sens surpris,
Épouvantés d'horreur, et d'amour attendris.
J'observai sur son front tout l'effort d'une mère
Qui tremble de parler, et qui craint de se taire.
Elle défend les jours de ces infortunés
Destinés au trépas sitôt que soupçonnés;
Aux fureurs d'un époux à peine elle résiste;
Elle retient le bras de l'implacable Égisthe.
Croyez-moi, si son fils avait été nommé,
Le crime, le malheur eût été consommé,
Oreste n'était plus.

ÉLECTRE.

O comble de misère !
Je le trahis peut-être en implorant ma mère;
Son trouble irritera ce monstre furieux.
La nature en tout temps est funeste en ces lieux.
Je crains également sa voix et son silence.
Mais le péril croissait ; j'étais sans espérance.
Que fait Pammène ?

IPHISE.

Il a, dans nos dangers pressans,
Ranimé la lenteur de ses débiles ans;
L'infortune lui donne une force nouvelle;

Il parle à nos amis, il excite leur zèle;
Ceux même dont Égisthe est toujours entouré
A ce grand nom d'Oreste ont déjà murmuré.
J'ai vu de vieux soldats, qui servaient sous le père,
S'attendrir sur le fils, et frémir de colère :
Tant aux cœurs des humains la justice et les lois
Même aux plus endurcis font entendre leur voix!

ÉLECTRE.

Grands dieux, si j'avais pu dans ces âmes tremblantes
Enflammer leurs vertus à peine renaissantes,
Jeter dans leurs esprits, trop faiblement touchés,
Tous ces emportemens qu'on m'a tant reprochés!
Si mon frère, abordé sur cette terre impie,
M'eût confié plus tôt le secret de sa vie!
Si du moins jusqu'au bout Pammène avait tenté....

SCÈNE III.

ÉGISTHE, CLYTEMNESTRE, ÉLECTRE, IPHISE, GARDES.

ÉGISTHE.

Qu'on saisisse Pammène, et qu'il soit confronté
Avec ces étrangers destinés au supplice;
Il est leur confident, leur ami, leur complice.
Dans quel piége effroyable ils allaient me jeter!
L'un des deux est Oreste, en pouvez-vous douter?
 (à Clytemnestre.)
Cessez de vous tromper, cessez de le défendre.
Je vois tout, et trop bien. Cette urne, cette cendre,

C'est celle de mon fils; un père gémissant
Tient de son assassin cet horrible présent.

CLYTEMNESTRE.

Croyez-vous ?...

ÉGISTHE.

Oui, j'en crois cette haine jurée
Entre tous les enfans de Thyeste et d'Atrée;
J'en crois le temps, les lieux marqués par cette mort,
Et ma soif de venger son déplorable sort,
Et les fureurs d'Électre, et les larmes d'Iphise,
Et l'indigne pitié dont votre âme est surprise.
Oreste vit encore, et j'ai perdu mon fils !
Le détestable Oreste en mes mains est remis;
Et, quel qu'il soit des deux, juste dans ma colère,
Je l'immole à mon fils, je l'immole à sa mère.

CLYTEMNESTRE.

Eh bien ! ce sacrifice est horrible à mes yeux.

ÉGISTHE.

A vous ?

CLYTEMNESTRE.

Assez de sang a coulé dans ces lieux.
Je prétends mettre un terme au cours des homicides,
A la fatalité du sang des Pélopides.
Si mon fils, après tout, n'est pas entre vos mains,
Pourquoi verser du sang sur des bruits incertains ?
Pourquoi vouloir sans fruit la mort de l'innocence !
Seigneur, si c'est mon fils, j'embrasse sa défense,
Oui, j'obtiendrai sa grâce, en dussé-je périr.

ACTE V, SCÈNE III.

ÉGISTHE.

Je dois la refuser afin de vous servir.
Redoutez la pitié qu'en votre âme on excite.
Tout ce qui vous fléchit me révolte et m'irrite.
L'un des deux est Oreste, et tous deux vont périr.
Je ne puis balancer, je n'ai point à choisir.
A moi, soldats.

IPHISE.

Seigneur, quoi ! sa famille entière
Perdra-t-elle à vos pieds ses cris et sa prière ?
(*Elle se jette à ses pieds.*)
Avec moi, chère Électre, embrassez ses genoux :
Votre audace vous perd.

ÉLECTRE.

Où me réduisez-vous ?
Quel affront pour Oreste, et quel excès de honte !
Elle me fait horreur... Eh bien, je la surmonte.
Eh bien, j'ai donc connu la bassesse et l'effroi !
Je fais ce que jamais je n'aurais fait pour moi.
(*sans se mettre à genoux.*)
Cruel ! si ton courroux peut épargner mon frère,
Je ne puis oublier le meurtre de mon père ;
Mais je pourrais du moins, muette à ton aspect,
Me forcer au silence, et peut-être au respect.
Que je demeure esclave, et que mon frère vive.

ÉGISTHE.

Je vais frapper ton frère, et tu vivras captive :
Ma vengeance est entière ; au bord de son cercueil,
Je te vois, sans effet, abaisser ton orgueil.

CLYTEMNESTRE.

Égisthe, c'en est trop; c'est trop braver peut-être
Et la veuve et le sang du roi qui fut ton maître.
Je défendrai mon fils; et, malgré tes fureurs,
Tu trouveras sa mère encor plus que ses sœurs.
Que veux-tu? ta grandeur, que rien ne peut détruire,
Oreste en ta puissance, et qui ne peut te nuire,
Électre enfin soumise, et prête à te servir,
Iphise à tes genoux, rien ne peut te fléchir!
Va, de tes cruautés je fus assez complice,
Je t'ai fait en ces lieux un trop grand sacrifice.
Faut-il, pour t'affermir dans ce funeste rang,
T'abandonner encor le plus pur de mon sang?
N'aurai-je donc jamais qu'un époux parricide?
L'un massacre ma fille aux campagnes d'Aulide;
L'autre m'arrache un fils, et l'égorge à mes yeux
Sur la cendre du père, à l'aspect de ses dieux.
Tombe avec moi plutôt ce fatal diadème,
Odieux à la Grèce, et pesant à moi-même!
Je t'aimai, tu le sais, c'est un de mes forfaits;
Et le crime subsiste ainsi que mes bienfaits,
Mais enfin de mon sang mes mains seront avares:
Je l'ai trop prodigué pour des époux barbares;
J'arrêterai ton bras levé pour le verser.
Tremble, tu me connais... tremble de m'offenser.
Nos nœuds me sont sacrés, et ta grandeur m'est chère;
Mais Oreste est mon fils, arrête, et crains sa mère.

ÉLECTRE.

Vous passez mon espoir. Non, Madame, jamais,

Le fond de votre cœur n'a conçu les forfaits.
Continuez, vengez vos enfans et mon père.

ÉGISTHE.

Vous comblez la mesure, esclave téméraire.
Quoi donc, d'Agamemnon la veuve et les enfans
Arrêteraient mes coups par des cris menaçans !
Quel démon vous aveugle, ô reine malheureuse?
Et de qui prenez-vous la défense odieuse?
Contre qui, juste Ciel !... Obéissez, courez :
Que tous deux dans l'instant à la mort soient livrés.

SCÈNE IV.

ÉGISTHE, CLYTEMNESTRE, ÉLECTRE,
IPHISE, DIMAS.

DIMAS.

Seigneur!

ÉGISTHE.

Parlez. Quel est ce désordre funeste?
Vous vous troublez.

DIMAS.

On vient de reconnaître Oreste.

IPHISE.

Qui, lui?

CLYTEMNESTRE.

Mon fils?

ÉLECTRE.

Mon frère?

ÉGISTHE.

Eh bien, est-il puni?

DIMAS.
Il ne l'est pas encor.
ÉGISTHE.
Je suis désobéi!
DIMAS.
Oreste s'est nommé dès qu'il a vu Pammène.
Pylade, cet ami qui partage sa chaîne,
Montre aux soldats émus le fils d'Agamemnon;
Et je crains la pitié pour cet auguste nom.
ÉGISTHE.
Allons, je vais paraître, et presser leur supplice.
Qui n'osé me venger, sentira ma justice.
Vous, retenez ses sœurs; et vous, suivez mes pas.
Le sang d'Agamemnon ne m'épouvante pas.
Quels mortels et quels dieux pourraient sauver Oreste
Du père de Plistène, et du fils de Thyeste?

SCÈNE V.
CLYTEMNESTRE, ÉLECTRE, IPHISE.
IPHISE.
Suivez-le, montrez-vous, ne craignez rien, parlez;
Portez les derniers coups dans les cœurs ébranlés.
ÉLECTRE.
Au nom de la nature achevez votre ouvrage;
De Clytemnestre enfin déployez le courage.
Volez, conduisez-nous.
CLYTEMNESTRE.
Mes filles, ces soldats

Me respectent à peine, et retiennent vos pas.
Demeurez; c'est à moi, dans ce moment si triste,
De répondre des jours et d'Oreste et d'Égisthe :
Je suis épouse et mère; et je veux à la fois,
Si j'en puis être digne, en remplir tous les droits.
(*Elle sort.*)

SCÈNE VI.

ÉLECTRE, IPHISE.

IPHISE.

Ah! le dieu qui nous perd en sa rigueur persiste.
En défendant Oreste, elle ménage Égisthe.
Les cris de la pitié, du sang, et des remords,
Seront contre un tyran d'inutiles efforts.
Égisthe furieux, et brûlant de vengeance,
Consomme ses forfaits pour sa propre défense;
Il condamne, il est maître; il frappe, il faut périr.

ÉLECTRE.

Et j'ai pu le prier avant que de mourir!
Je descends dans la tombe avec cette infamie,
Avec le désespoir de m'être démentie!
J'ai supplié ce monstre et j'ai hâté ses coups.
Tout ce qui dut servir s'est tourné contre nous.
Que font tous ces amis dont se vantait Pammène;
Ces peuples dont Égisthe a soulevé la haine;
Ces dieux qui de mon frère armaient le bras vengeur,
Et qui lui défendaient de consoler sa sœur;
Ces filles de la nuit, dont les mains infernales

Secouaient leurs flambeaux sous ces voûtes fatales
Quoi, le nature entière, en ce jour de terreur,
Paraissait à ma voix s'armer en ma faveur;
Et tout est pour Égisthe, et mon frère est sans vie;
Et les dieux, les mortels, et l'enfer m'ont trahie!

SCÈNE VII.

ÈLECTRE, PILADE, IPHISE.

ÉLECTRE.

En est-ce fait, Pylade?

PYLADE.

Oui, tout est accompli,
Tout change; Électre est libre, et le Ciel obéi.

ÉLECTRE.

Comment?

PYLADE.

Oreste règne, et c'est lui qui m'envoie

IPHISE.

Justes dieux!

ÉLECTRE.

Je succombe à l'excès de ma joie.
Oreste! est-il possible?

PYLADE.

Oreste tout-puissant
Va venger sa famille et le sang innocent.

ÉLECTRE.

Quel miracle a produit un destin si prospère?

PYLADE.

Son courage, son nom, le nom de votre père,

Le vôtre, vos vertus, l'excès de vos malheurs,
La pitié, la justice, un dieu qui parle aux cœurs.
Par les ordres d'Égisthe on amenait à peine,
Pour mourir avec nous le fidèle Pammène;
Tout un peuple suivait, morne, glacé d'horreur;
J'entrevoyais sa rage à travers sa terreur;
La garde retenait leurs fureurs interdites.
Oreste se tournant vers ces fiers satellites,
Immolez, a-t-il dit, le dernier de vos rois;
L'osez-vous? A ces mots, au son de cette voix,
A ce front où brillait la majesté suprême,
Nous avons tous cru voir Agamemnon lui-même,
Qui, perçant du tombeau les gouffres éternels,
Revenait en ces lieux commander aux mortels.
Je parle : tout s'émeut; l'amitié persuade;
On respecte les nœuds d'Oreste et de Pylade :
Des soldats avançaient pour nous envelopper,
Ils ont levé le bras, et n'ont osé frapper :
Nous sommes entourés d'une foule attendrie;
Le zèle s'enhardit, l'amour devient furie.
Dans les bras de ce peuple Oreste était porté.
Égisthe avec les siens d'un pas précipité
Vole; croit le punir, arrive, et voit son maître.
J'ai vu tout son orgueil à l'instant disparaître,
Ses esclaves le fuir, ses amis le quitter,
Dans sa confusion ses soldats l'insulter.
O jour d'un grand exemple ! ô justice suprême !
Des fers que nous portions il est chargé lui-même.
La seule Clytemnestre accompagne ses pas,

Le protége, l'arrache aux fureurs des soldats,
Se jette au milieu d'eux, et d'un front intrépide
A la fureur commune enlève le perfide,
Le tient entre ses bras, s'expose à tous les coups,
Et conjure son fils d'épargner son époux.
Oreste parle au peuple, il respecte sa mère;
Il remplit les devoirs et de fils et de frère.
A peine délivré du fer de l'ennemi,
C'est un roi triomphant sur son trône affermi.

IPHISE.

Courons, venez orner le triomphe d'un frère;
Voyons Oreste heureux, et consolons ma mère.

ÉLECTRE.

Quel bonheur inouï, par les dieux envoyé!
Protecteur de mon sang, héros de l'amitié,
Venez.

PYLADE, *à sa suite.*

Brisez, amis, ces chaînes si cruelles;
Fers, tombez de ses mains; le sceptre est fait pour
elles.

(*On lui ôte ses chaînes.*)

SCÈNE VIII.

ÉLECTRE, IPHISE, PYLADE, PAMMÈNE.

ÉLECTRE.

Ah! Pammène, où trouver mon frère, mon vengeur
Pourquoi ne vient-il pas?

PAMMÈNE.

Ce moment de terreur

ACTE V, SCÈNE VIII.

Est destiné, Madame, à ce grand sacrifice
Que la cendre d'un père attend de sa justice :
Tel est l'ordre qu'il suit. Cette tombe est l'autel
Où sa main doit verser le sang du criminel.
Daignez l'attendre ici, tandis qu'il venge un père.
Ce devoir redoutable est juste et nécessaire ;
Mais ce speccacle horrible aurait souillé vos yeux
Vous connaissez les lois qu'Argos tient de ses dieux;
Elles ne souffrent point que vos mains innocentes
Avant le temps prescrit pressent ses mains sanglantes.

IPHISE.

Mais que fait Clytemnestre en ces momens d'horreur?
Voyons-la.

PAMMÈNE.

Clytemnestre, en proie à sa fureur.
De son indigne époux défend encor la vie;
Elle oppose à son fils une main trop hardie.

ÉLECTRE.

Elle défend Égisthe.... elle de qui le bras
A sur Agamemnon.... Dieux, ne le souffrez pas !

PAMMÈNE.

On dit que dans ce trouble on voit les Euménides
Sourdes à la prière, et de meurtres avides,
Ministres des arrêts prononcés par le sort,
Marcher autour d'Oreste, en appelant la mort.

IPHISE.

Jour terrible et sanglant, soyez un jour de grâce ;
Terminez les malheurs attachés à ma race.
Ah, ma sœur! ah, Pylade! entendez-vous ces cris ?

ÉLECTRE.

C'est ma mère !

PAMMÈNE.

Elle-même.

CLYTEMNESTRE, *derrière la scène.*

Arrête !

IPHISE.

Ciel !

CLYTEMNESTRE, *derrière la scène.*

Mon fils !

ÉLECTRE.

Il frappe Égisthe. Achève, et sois inexorable ;
Venge-nous, venge-la ; tranche un nœud si coupable :
Immole entre ses bras cet infâme assassin ;
Frappe, dis-je.

CLYTEMNESTRE.

Mon fils.... j'expire de ta main.

PYLADE.

O destinée !

IPHISE.

O crime !

ÉLECTRE.

Ah, trop malheureux frère !
Quel forfait a puni les forfaits de ma mère !
Jour à jamais affreux !

SCÈNE IX.

LES ACTEURS PRÉCÉDENS, ORESTE.

ORESTE.

O terre, entr'ouvre-toi!
Clytemnestre, Tantale, Atrée, attendez-moi!
Je vous suis aux enfers, éternelles victimes;
Je dispute avec vous de tourmens et de crimes.

ÉLECTRE.

Qu'avez-vous fait, cruel?

ORESTE.

Elle a voulu sauver....
Et les frappant tous deux.... Je ne puis achever.

ÉLECTRE.

Quoi! de la main d'un fils! quoi! par ce coup funeste,
Vous....

ORESTE.

Non, ce n'est pas moi; non, ce n'est point Oreste.
Un pouvoir effroyable a seul conduit mes coups:
Exécrable instrument d'un éternel courroux,
Banni de mon pays par le meurtre d'un père,
Banni du monde entier par celui de ma mère,
Patrie, états, parens, que j'ai remplis d'effroi,
Innocence, amitié, tout est perdu pour moi!
Soleil, qu'épouvanta cette affreuse contrée,
Soleil, qui reculas pour le festin d'Atrée,
Tu luis encor pour moi, tu luis pour ces climats!

Dans l'éternelle nuit tu ne nous plonges pas!
Dieux, tyrans éternels, puissance impitoyable,
Dieux qui me punissez, qui m'avez fait coupable!
Eh bien, quel est l'exil que vous me destinez?
Quel est le nouveau crime où vous me condamnez?
Parlez.... Vous prononcez le nom de la Tauride;
J'y cours, j'y vais trouver la prêtresse homicide,
Qui n'offre que du sang à des dieux en courroux,
A des dieux moins cruels, moins barbares que vous.

ÉLECTRE.

Demeurez : conjurez leur justice et leur haine.

PYLADE.

Je te suivrai partout où leur fureur t'entraîne.
Que l'amitié triomphe, en ce jour odieux,
Des malheurs des mortels, et du courroux des dieux!

FIN.

PIÈCES

CONTENUES DANS CE VOLUME.

L'ORPHELIN DE LA CHINE, tragédie. page   1
TANCRÈDE, tragédie.   71
ORESTE, tragédie.   113

NANINE,
COMÉDIE.

PERSONNAGES.

LE COMTE D'OLBAN, seigneur retiré à la campagne.
LA BARONNE DE L'ORME, parente du comte, femme impérieuse, aigre, difficile a vivre.
LA MARQUISE D'OLBAN, mère du comte.
NANINE, fille élevée dans la maison du comte.
PHILIPPE HOMBERT, paysan du voisinage.
BLAISE, jardinier.
GERMON, }
MARIN, } domestiques.

La scène est dans le château du comte d'Olban.)

NANINE,
COMÉDIE.

ACTE PREMIER.

SCÈNE PREMIÈRE.

LE COMTE D'OLBAN, LA BARONNE DE L'ORME.

LA BARONNE.

Il faut parler, il faut, monsieur le comte,
Vous expliquer nettement sur mon compte
Ni vous ni moi n'avons un cœur tout neuf;
Vous êtes libre, et depuis deux ans veuf :
Devers ce temps j'eus cet honneur moi-même;
Et nos procès, dont l'embarras extrême
Était si triste, et si peu fait pour nous,
Sont enterrés, ainsi que mon époux.

LE COMTE.

Oui, tout procès m'est fort insupportable.

LA BARONNE.

Ne suis-je pas comme eux fort haïssable!

LE COMTE.

Qui? vous, Madame?

LA BARONNE.

Oui, moi. Depuis deux ans,

Libres tous deux, comme tous deux parens,
Pour terminer nous habitons ensemble :
Le sang, le goût, l'intérêt nous rassemble.

LE COMTE.

Ah! l'intérêt! parlez mieux.

LA BARONNE.

Non, Monsieur.
Je parle bien, et c'est avec douleur,
Et je sais trop que votre âme inconstante
Ne me voit plus que comme une parente.

LE COMTE.

Je n'ai pas l'air d'un volage, je croi.

LA BARONNE.

Vous avez l'air de me manquer de foi.

LE COMTE, *à part*.

Ah!

LA BARONNE.

Vous savez que cette longue guerre,
Que mon mari vous faisait pour ma terre,
A dû finir en confondant nos droits
Dans un hymen dicté par notre choix :
Votre promesse à ma foi vous engage :
Vous différez, et qui diffère outrage.

LE COMTE.

J'attends ma mère.

LA BARONNE.

Elle radotte : bon!

LE COMTE.

Je la respecte, et je l'aime.

LA BARONNE.

      Et moi non.
Mais pour me faire un affront qui m'étonne,
Assurément vous n'attendez personne,
Perfide! ingrat!

LE COMTE.

      D'où vient ce grand courroux!
Qui vous a donc dit tout cela?

LA BARONNE.

        Qui? vous!
Vous, votre ton, votre air d'indifférence,
Votre conduite, en un mot, qui m'offense,
Qui me soulève, et qui choque mes yeux!
Ayez moins tort, ou défendez-vous mieux.
Ne vois-je pas l'indignité, la honte,
L'excès, l'affront du goût qui vous surmonte?
Quoi! pour l'objet le plus vil, le plus bas,
Vous me trompez!

LE COMTE.

      Non, je ne trompe pas;
Dissimuler n'est pas mon caractère;
J'étais à vous, vous aviez su me plaire,
Et j'espérais avec vous retrouver
Ce que le Ciel a voulu m'enlever,
Goûter en paix dans cet heureux asile,
Les nouveaux fruits d'un nœud doux et tranquille;
Mais vous cherchez à détruire vos lois.
Je vous l'ai dit, l'amour a deux carquois;
L'un est rempli de ces traits tout de flamme,

Dont la douceur porte la paix dans l'âme,
Qui rend plus purs nos goûts, nos sentimens,
Nos soins plus vifs, nos plaisirs plus touchans :
L'autre n'est plein que de flèches cruelles,
Qui, répandant les soupçons, les querelles,
Rebutent l'âme, y portent la tiédeur,
Font succéder les dégoûts à l'ardeur :
Voilà les traits que vous prenez vous-même
Contre nous deux; et vous voulez qu'on aime!

LA BARONNE.

Oui, j'aurai tort! Quand vous vous détachez,
C'est donc à moi que vous le reprochez.
Je dois souffrir vos belles incartades,
Vos procédés, vos comparaisons fades.
Qu'ai-je donc fait pour perdre votre cœur?
Que me peut-on reprocher?

LE COMTE.

Votre humeur.
N'en doutez pas : oui, la beauté, Madame,
Ne plaît qu'aux yeux; la douceur charme l'âme.

LA BARONNE.

Mais êtes-vous sans humeur, vous?

LE COMTE.

Moi? non :
J'en ai sans doute, et, pour cette raison,
Je veux, Madame, une femme indulgente,
Dont la beauté douce et compatissante,
A mes défauts facile à se plier,
Daigne avec moi me réconcilier,

ACTE I, SCÈNE I.

Me corriger sans prendre un ton caustique,
Me gouverner sans être tyrannique,
Et dans mon cœur pénétrer pas à pas,
Comme un jour doux dans des yeux délicats.
Qui sent le joug le porte avec murmure ;
L'amour tyran est un dieu que j'abjure.
Je veux aimer, et ne veux point servir ;
C'est votre orgueil qui peut seul m'avilir.
J'ai des défauts ; mais le Ciel fit les femmes
Pour corriger le levain de nos âmes,
Pour adoucir nos chagrins, nos humeurs,
Pour nous calmer, pour nous rendre meilleurs.
C'est là leur lot ; et pour moi je préfère
Laideur affable à beauté rude et fière.

LA BARONNE.

C'est fort bien dit, traître ! vous prétendez,
Quand vous m'outrez, m'insultez, m'excédez,
Que je pardonne, en lâche complaisante,
De vos amours la honte extravagante ?
Et qu'à mes yeux un faux aire de hauteur
Excuse en vous les bassesses de cœur ?

LE COMTE.

Comment, Madame ?

LA BARONNE.

Oui, la jeune Nanine
Fait tout mon tort. Un enfant vous domine,
Une servante, une fille des champs,
Que j'élevai par mes soins imprudens,
Que par pitié votre facile mère

Daigna tirer du sein de la misère.
Vous rougissez.

LE COMTE.

Moi ! je lui veux du bien.

LA BARONNE.

Non, vous l'aimez, j'en suis très-sûre.

LE COMTE,

Eh bien !
Si je l'aimais, apprenez donc, Madame,
Que hautement je publîrais ma flamme.

LA BARONNE.

Vous en êtes capable.

LE COMTE.

Assurément.

LA BARONNE.

Vous oseriez trahir impudemment
De votre rang toutes les bienséances ;
Humilier ainsi votre naissance ;
Et, dans la honte où vos sens sont plongés,
Braver l'honneur !

LE COMTE.

Dites les préjugés.
Je ne prends point, quoi qu'on en puisse croire,
La vanité pour l'honneur et la gloire.
L'éclat vous plaît ; vous mettez la grandeur
Dans les blazons : je la veux dans le cœur.
L'homme de bien, modeste avec courage,
Et la beauté, spirituelle, sage,
Sans bien, sans nom, sans tous ces titres vains,

Sont à mes yeux les premiers des humains.
LA BARONNE.
Il faut au moins être bon gentilhomme.
Un vil savant, un obscur honnête homme,
Serait chez vous, pour un peu de vertu,
Comme un seigneur avec honneur reçu ?
LE COMTE.
Le vertueux aurait la préférence.
LA BARONNE.
Peut-on souffrir cette humble extravagance ?
Ne doit-on rien, s'il vous plaît, à son rang ?
LE COMTE.
Être honnête homme est ce qu'on doit.
LA BARONNE.
Mon sang
Exigerait un plus haut caractère.
LE COMTE.
Il est très-haut, il brave le vulgaire.
LA BARONNE.
Vous dégradez ainsi la qualité !
LE COMTE.
Non ; mais j'honore ainsi l'humanité.
LA BARONNE.
Vous êtes fou ; quoi ! le public, l'usage...!
LE COMTE.
L'usage est fait pour le mépris du sage ;
Je me conforme à ces ordres gênans,
Pour mes habits, non pour mes sentimens.
Il faut être homme, et d'une âme sensée,

Avoir à soi ses goûts et sa pensée.
Irai-je en sot aux autres m'informer
Qui je dois fuir, chercher, louer, blâmer?
Quoi! de mon être il faudra qu'on décide?
J'ai ma raison; c'est ma mode, et mon guide.
Le singe est né pour être imitateur,
Et l'homme doit agir d'après son cœur.

LA BARONNE.

Voilà parler en homme libre, en sage.
Allez, aimez des filles du village,
Cœur noble et grand, soyez l'heureux rival
Du magister et du greffier fiscal;
Soutenez bien l'honneur de votre race.

LE COMTE.

Ah, juste Ciel! que faut-il que je fasse?

SCÈNE II.

LE COMTE, LA BARONNE, BLAISE.

LE COMTE.

Que veux-tu, toi?

BLAISE.

C'est votre jardinier,
Qui vient, Monsieur, humblement supplier
Votre grandeur...

LE COMTE.

Ma grandeur! Eh bien! Blaise,
Que te faut-il?

BLAISE.

Mais c'est, ne vous déplaise,
Que je voudrais me marier...

ACTE I, SCÈNE II.

LE COMTE.

      D'accord,
Très-volontiers; ce projet me plaît fort.
Je t'aiderai; j'aime qu'on se marie :
Et la future, est-elle un peu jolie?

BLAISE.

Ah! oui, ma foi! c'est un morceau friant.

LA BARONNE.

Et Blaise en est aimé?

BLAISE.

     Certainement?

LE COMTE.

Et nous nommons cette beauté divine?

BLAISE.

Mais, c'est....

LE COMTE.

   Eh bien?

BLAISE.

     C'est la belle Nanine.

LE COMTE.

Nanine?

LA BARONNE.

    Ah! bon! Je ne m'oppose point
A de pareils amours.

LE COMTE, *à part.*

      Ciel! à quel point
On m'avilit! Non, je ne le puis être.

BLAISE.

Ce parti-là doit bien plaire à mon maître.

LE COMTE.

Tu dis qu'on t'aime, imprudent!

BLAISE.

Ah! pardon.

LE COMTE.

T'a-t-elle dit qu'elle t'aimât?

BLAISE.

Mais.... non,
Pas tout-à-fait; elle m'a fait entendre
Tant seulement qu'elle a pour nous du tendre;
D'un ton si bon, si doux, si familier,
Elle m'a dit cent fois, Cher jardinier,
Cher ami Blaise, aide-moi donc à faire
Un beau bouquet de fleurs, qui puisse plaire
A monseigneur, à ce maître charmant;
Et puis d'un air si touché, si touchant,
Elle faisait ce bouquet; et sa vue
Était troublée; elle était tout émue.
Toute rêveuse, avec un certain air,
Un air, là, qui.... peste, l'on y voit clair.

LE COMTE.

Blaise, va-t'en.... Quoi! j'aurais su lui plaire!

BLAISE.

Çà, n'allez pas traînasser notre affaire.

LE COMTE.

Hem!....

BLAISE.

Vous verrez comme ce terrain-là
Entre mes mains bientôt profitera.
Répondez donc, pourquoi ne me rien dire?

ACTE I, SCÈNE II.

LE COMTE.

Ah! mon cœur est trop plein. Je me retire....
Adieu, Madame.

SCÈNE III.

LA BARONNE, BLAISE.

LA BARONNE.

Il l'aime comme un fou,
J'en suis certaine. Et comment donc, par où,
Par quels attraits, par quelle heureuse adresse
A-t-elle pu me ravir sa tendresse?
Nanine! ô Ciel! quel choix! quelle fureur!
Nanine! non; j'en mourrai de douleur.

BLAISE, *revenant*.

Ah! vous parlez de Nanine.

LA BARONNE.

Insolente.

BLAISE.

Est-il pas vrai que Nanine est charmante?

LA BARONNE.

Non.

BLAISE.

Eh! si fait : parlez un peu pour nous,
Protégez Blaise.

LA BARONNE.

Ah! quels horribles coups!

BLAISE.

J'ai des écus; Pierre Blaise mon père

M'a bien laissé trois bons journaux de terre :
Tout est pour elle, écus comptans, journaux,
Tout mon avoir, et tout ce que je vaux;
Mon corps, mon cœur, tout moi-même, tout Blaise.

LA BARONNE.

Autant que toi crois que j'en serais aise;
Mon pauvre enfant, si je puis te servir,
Tous deux ce soir je voudrais vous unir :
Je lui pairai sa dot.

BLAISE.

Digne baronne,
Que j'aimerai votre chère personne !
Que de plaisir ! est-il possible !

LA BARONNE.

Hélas !
Je crains, ami, de ne réussir pas.

BLAISE.

Ah ! par pitié, réussissez, Madame.

LA BARONNE.

Va, plût au Ciel qu'elle devînt ta femme !
Attends mon ordre.

BLAISE.

Eh ! puis-je attendre ?

LA BARONNE.

Va.

BLAISE.

Adieu. J'aurai, ma foi, cet enfant-là.

SCÈNE IV.

LA BARONNE.

Vit-on jamais une telle aventure?
Peut-on sentir une plus vive injure?
Plus lâchement se voir sacrifier?
Le comte Olban rival d'un jardinier!
  (*à un laquais.*)
Holà! quelqu'un! Qu'on appelle Nanine.
C'est mon malheur qu'il faut que j'examine.
Où pourrait-elle avoir pris l'art flatteur,
L'art de séduire et de garder un cœur,
L'art d'allumer un feu vif et qui dure?
Où? dans ses yeux, dans la simple nature.
Je crois pourtant que cet indigne amour
N'a point encore osé se mettre au jour.
J'ai vu qu'Olban se respecte avec elle;
Ah! c'est encore une douleur nouvelle!
J'espérerais, s'il se respectait moins.
D'un amour vrai le traître a tous les soins.
Ah! la voici : je me sens au supplice.
Que la nature est pleine d'injustice!
A qui va-t-elle accorder la beauté?
C'est un affront fait à la qualité.
Approchez-vous, venez, Mademoiselle.

SCÈNE V.

LA BARONNE, NANINE.

NANINE.

Madame.

LA BARONNE.

Mais est-elle donc si belle?
Ces grands yeux noirs ne disent rien du tout;
Mais s'ils ont dit, J'aime... ah! je suis à bout.
Possédons-nous. Venez.

NANINE.

Je viens me rendre
A mon devoir.

LA BARONNE.

Vous vous faites attendre
Un peu de temps; avancez-vous. Comment!
Comme elle est mise! et quel ajustement!
Il n'est pas fait pour une créature
De votre espèce.

NANINE.

Il est vrai. Je vous jure,
Par mon respect, qu'en secret j'ai rougi
Plus d'une fois d'être vêtue ainsi;
Mais c'est l'effet de vos bontés premières,
De ces bontés qui me sont toujours chères.
De tant de soins vous daigniez m'honorer!
Vous vous plaisiez vous-même à me parer.
Songez combien vous m'aviez protégée :
Sous cet habit je ne suis point changée.

ACTE I, SCÈNE V.

Voudriez-vous, Madame, humilier
Un cœur soumis, qui ne peut s'oublier?

LA BARONNE.

Approchez-moi ce fauteuil... Ah! j'enrage...
D'où venez-vous?

NANINE.

Je lisais.

LA BARONNE.

Quel ouvrage?

NANINE.

Un livre anglais, dont on m'a fait présent.

LA BARONNE.

Sur quel sujet?

NANINE.

Il est intéressant :
L'auteur prétend que les hommes sont frères,
Nés tous égaux : mais ce sont des chimères :
Je ne puis croire à cette égalité.

LA BARONNE.

Elle y croira. Quel fonds de vanité !
Que l'on m'apporte ici mon écritoire.

NANINE.

J'y vais.

LA BARONNE.

Restez. Que l'on me donne à boire.

NANINE.

Quoi ?

LA BARONNE.

Rien. Prenez mon éventail. Sortez.

Allez chercher mes gants... Laissez... Restez.
Avancez-vous... Gardez-vous, je vous prie,
D'imaginer que vous soyez jolie.

NANINE.

Vous me l'avez si souvent répété,
Que si j'avais ce fonds de vanité,
Si l'amour-propre avait gâté mon âme,
Je vous devrais ma guérison, Madame.

LA BARONNE.

Où trouve-t-elle ainsi ce qu'elle dit?
Que je la hais! quoi! belle, et de l'esprit!
(*avec dépit.*)
Écoutez-moi. J'eus bien de la tendresse
Pour votre enfance.

NANINE.

Oui. Puisse ma jeunesse
Être honorée encor de vos bontés!

LA BARONNE.

Eh bien, voyez si vous les méritez.
Je prétends, moi, ce jour, cette heure même,
Vous établir; jugez si je vous aime.

NANINE.

Moi?

LA BARONNE.

Je vous donne une dot. Votre époux
Est fort bien fait, et très-digne de vous;
C'est un parti de tout point fort sortable;
C'est le seul même aujourd'hui convenable;
Et vous devez bien m'en remercier :

ACTE I, SCÈNE V.

C'est, en un mot, Blaise le jardinier.
NANINE.
Blaise, Madame?
LA BARONNE.
Oui. D'où vient ce sourire?
Hésitez-vous un moment d'y souscrire?
Mes offres sont un ordre, entendez-vous?
Obéissez, ou craignez mon courroux.
NANINE.
Mais...
LA BARONNE.
Apprenez qu'un *mais* est une offense;
Il vous sied bien d'avoir l'impertinence
De refuser un mari de ma main!
Ce cœur si simple est devenu bien vain;
Mais votre audace est trop prématurée;
Votre triomphe est de peu de durée.
Vous abusez du caprice d'un jour,
Et vous verrez quel en est le retour.
Petite ingrate, objet de ma colère,
Vous avez donc l'insolence de plaire?
Vous m'entendez; je vous ferai rentrer
Dans le néant dont j'ai su vous tirer.
Tu pleureras ton orgueil, ta folie.
Je te ferai renfermer pour ta vie
Dans un couvent.
NANINE.
J'embrasse vos genoux.
Renfermez-moi; mon sort sera trop doux.

Oui, des faveurs que vous vouliez me faire,
Cette rigueur est pour moi la plus chère.
Enfermez-moi dans un cloître à jamais :
J'y bénirai mon maître, et vos bienfaits ;
J'y calmerai des alarmes mortelles,
Des maux plus grands, des craintes plus cruelles,
Des sentimens plus dangereux pour moi
Que ce courroux qui me glace d'effroi.
Madame, au nom de ce courroux extrême,
Délivrez-moi, s'il se peut, de moi-même ;
Dès cet instant je suis prête à partir.

LA BARONNE.

Est-il possible ? et que viens-je d'ouïr ?
Est-il bien vrai ? me trompez-vous, Nanine ?

NANINE.

Non. Faites-moi cette faveur divine.
Mon cœur en a trop besoin.

LA BARONNE, *avec un emportement de tendresse.*

Lève-toi ;
Que je t'embrasse. O jour heureux pour moi,
Ma chère amie ! eh bien, je vais sur l'heure
Préparer tout pour ta belle demeure.
Ah ! quel plaisir que de vivre en couvent !

NANINE.

C'est pour le moins un abri consolant.

LA BARONNE.

Non ; c'est, ma fille, un séjour délectable.

NANINE.

Le croyez-vous ?

ACTE I, SCÈNE V.

LA BARONNE.
Le monde est haïssable,
Jaloux...

NANINE.
Oh! oui.

LA BARONNE.
Fou, méchant, vain, trompeur.
Changeant, ingrat; tout cela fait horreur.

NANINE.
Oui; j'entrevois qu'il me serait funeste,
Qu'il faut le fuir...

LA BARONNE.
La chose est manifeste;
Un bon couvent est un port assuré.
Monsieur le comte, ah! je vous préviendrai.

NANINE.
Que dites vous de Monseigneur?

LA BARONNE.
Je t'aime
A la fureur; et dès ce moment même
Je voudrais bien te faire le plaisir
De t'enfermer pour ne jamais sortir.
Mais il est tard, hélas! il faut attendre
Le point du jour. Écoute: il faut te rendre
Vers le minuit dans mon appartement.
Nous partirons d'ici secrètement
Pour ton couvent à cinq heures sonnantes ·
Sois prête au moins.

SCÈNE VI.

NANINE.

Quelles douleurs cuisantes !
Quel embarras ! quel tourment ! quel dessein !
Quels sentimens combattent dans mon sein !
Hélas ! je fuis le plus aimable maître !
En le fuyant, je l'offense peut-être :
Mais, en restant, l'excès de ses bontés
M'attirerait trop de calamités,
Dans sa maison mettrait un trouble horrible.
Madame croit qu'il est pour moi sensible ;
Que jusqu'à moi ce cœur peut s'abaisser :
Je le redoute, et n'ose le penser.
De quel courroux Madame est animée !
Quoi ! l'on me hait, et je crains d'être aimée !
Mais, moi ! mais, moi ! je me crains encor plus ;
Mon cœur troublé de lui-même est confus.
Que devenir ? De mon état tirée,
Pour mon malheur je suis trop éclairée.
C'est un danger, c'est peut-être un grand tort
D'avoir une âme au-dessus de son sort.
Il faut partir ; j'en mourrai, mais n'importe.

SCÈNE VII.

LE COMTE, NANINE, un laquais.

LE COMTE.

Holà ! quelqu'un, qu'on reste à cette porte.

ACTE I, SCÈNE VI.

Des siéges, vite.
(Il fait la révérence à Nanine, qui lui en fait une profonde.)
Asseyons-nous ici.

NANINE.
Qui, moi, Monsieur ?

LE COMTE.
Oui, je le veux ainsi ;
Et je vous rends ce que votre conduite,
Votre beauté, votre vertu mérite.
Un diamant trouvé dans un désert
Est-il moins beau, moins précieux, moins cher ?
Quoi ! vos beaux yeux semblent mouillés de larmes !
Ah ! je le vois, jalouse de vos charmes,
Notre baronne aura, par ses aigreurs,
Par son courroux, fait répandre vos pleurs.

NANINE.
Non, Monsieur, non ; sa bonté respectable
Jamais pour moi ne fut si favorable ;
Et j'avoûrai qu'ici tout m'attendrit.

LE COMTE.
Vous me charmez ; je craignais son dépit.

NANINE.
Hélas, pourquoi ?

LE COMTE.
Jeune et belle Nanine,
La jalousie en tous les cœurs domine :
L'homme est jaloux dès qu'il peut s'enflammer ;
La femme l'est, même avant que d'aimer.

Un jeune objet, beau, doux, discret, sincère,
A tout son sexe est bien sûre de déplaire.
L'homme est plus juste; et d'un sexe jaloux
Nous nous vengeons autant qu'il est en nous.
Croyez surtout que je vous rends justice :
J'aime ce cœur qui n'a point d'artifice;
J'admire encore à quel point vous avez
Développé vos talens cultivés.
De votre esprit la naïve justesse
Me rend surpris autant qu'il m'intéresse.

NANINE.

J'en ai bien peu; mais quoi! je vous ai vu,
Et je vous ai tous les jours entendu :
Vous avez trop relevé ma naissance;
Je vous dois trop; c'est par vous que je pense.

LE COMTE.

Ah! croyez-moi, l'esprit ne s'apprend pas.

NANINE.

Je pense trop pour un état si bas;
Au dernier rang les destins m'ont comprise.

LE COMTE.

Dans le premier vos vertus vous ont mise.
Naïvement dites-moi quel effet
Ce livre anglais sur votre esprit a fait?

NANINE.

Il ne m'a point du tout persuadée;
Plus que jamais, Monsieur, j'ai dans l'idée
Qu'il est des cœurs si grands, si généreux,
Que tout le reste est bien vil auprès d'eux.

ACTE I, SCÈNE VII.

LE COMTE.

Vous en êtes la preuve... Ah çà, Nanine,
Permettez-moi qu'ici l'on vous destine
Un sort, un rang, moins indigne de vous.

NANINE.

Hélas! mon sort était trop haut, trop doux.

LE COMTE.

Non. Désormais soyez de la famille :
Ma mère arrive; elle vous voit en fille;
Et mon estime, et sa tendre amitié
Doivent ici vous mettre sur un pied
Fort éloigné de cette indigne gêne
Où vous tenait une femme hautaine.

NANINE.

Elle n'a fait, hélas! que m'avertir
De mes devoirs.... Qu'ils sont durs à remplir!

LE COMTE.

Quoi! quel devoir? Ah! le vôtre est de plaire;
Il est rempli : le nôtre ne l'est guère.
Il vous fallait plus d'aisance et d'éclat :
Vous n'êtes pas encor dans votre état.

NANINE.

J'en suis sortie, et c'est ce qui m'accable;
C'est un malheur peut-être irréparable.
   (*se levant.*)
Ah! Monseigneur! ah! mon maître! écartez
De mon esprit toutes ces vanités;
De vos bienfaits confuse, pénétrée,
Laissez-moi vivre à jamais ignorée.

Le Ciel me fit pour un état obscur ;
L'humilité n'a pour moi rien de dur.
Ah ! laissez-moi ma retraite profonde.
Et que ferais-je, et que verrais-je au monde,
Après avoir admiré vos vertus ?

LE COMTE.

Non, c'en est trop, je ne résiste plus.
Qui ? vous obscure ! vous !

NANINE.

Quoi que je fasse,
Puis-je de vous obtenir une grâce ?

LE COMTE.

Qu'ordonnez-vous ? parlez.

NANINE.

Depuis un temps
Votre bonté me comble de présens.

LE COMTE.

Eh bien ! pardon. J'en agis comme un père,
Un père tendre, à qui sa fille est chère.
Je n'ai point l'art d'embellir un présent ;
Et je suis juste, et ne suis point galant.
De la fortune il faut venger l'injure :
Elle vous traita mal ; mais la nature,
En récompense, a voulu vous doter
De tous ses biens ; j'aurais dû l'imiter.

NANINE.

Vous en avez trop fait ; mais je me flatte
Qu'il m'est permis, sans que je sois ingrate,
De disposer de ces dons précieux

ACTE I, SCÈNE VII.

Que votre main rend si chers à mes yeux.
LE COMTE.
Vous m'outragez.

SCÈNE VIII.
LE COMTE, NANINE, GERMON.

GERMON.
Madame vous demande,
Madame attend.
LE COMTE.
Eh! que madame attende.
Quoi! l'on ne peut un moment vous parler,
Sans qu'aussitôt on vienne nous troubler?
NANINE.
Avec douleur, sans doute, je vous laisse;
Mais vous savez qu'elle fut ma maîtresse.
LE COMTE.
Non, non, jamais je ne veux le savoir.
NANINE.
Elle conserve un reste de pouvoir.
LE COMTE.
Elle n'en garde aucun, je vous assure.
Vous gémissez.... Quoi! votre cœur murmure!
Qu'avez-vous donc?
NANINE.
Je vous quitte à regret;
Mais il le faut.... O Ciel, c'en est donc fait!
(*Elle sort.*)

SCÈNE IX.

LE COMTE, GERMON.

LE COMTE.

Elle pleurait. D'une femme orgueilleuse
Depuis long-temps l'aigreur capricieuse
La fait gémir sous trop de dureté;
Et de quel droit? par quelle autorité?
Sur ces abus ma raison se récrie.
Ce monde-ci n'est qu'une loterie
De biens, de rangs, de dignités, de droits,
Brigués sans titres, et répandus sans choix.
Hé!

GERMON.

Monseigneur.

LE COMTE.

Demain sur sa toilette
Vous porterez cette somme complète
De trois cents louis d'or; n'y manquez pas,
Puis vous irez chercher ces gens là-bas;
Ils attendront.

GERMON.

Madame la baronne
Aura l'argent que Monseigneur me donne
Sur sa toilette.

LE COMTE.

Eh! l'esprit lourd! eh, non!
C'est pour Nanine, entendez-vous?

ACTE I, SCÈNE IX.

GERMON.
>Pardon.

LE COMTE.

Allez, allez, laissez-moi.
>(*Germon sort.*)
>Ma tendresse
Assurément n'est point une faiblesse.
Je l'idolâtre, il est vrai ; mais mon cœur
Dans ses yeux seuls n'a point pris son ardeur.
Son caractère est fait pour plaire au sage ;
Et sa belle âme a mon premier hommage.
Mais son état ?... Elle est trop au-dessus ;
Fût-il plus bas, je l'en aimerais plus.
Mais puis-je enfin l'épouser ? Oui, sans doute.
Pour être heureux qu'est-ce donc qu'il en coûte ?
D'un monde vain dois-je craindre l'écueil,
Et de mon goût me priver par orgueil ?
Mais la coutume ?... Eh bien ! elle est cruelle ;
Et la nature eut ses droits avant elle.
Eh quoi ! rival de Blaise ! Pourquoi non ?
Blaise est un homme ; il l'aime, il a raison.
Elle fera dans une paix profonde
Le bien d'un seul, et les désirs du monde.
Elle doit plaire aux jardiniers, aux rois,
Et mon bonheur justifira mon choix.

FIN DU PREMIER ACTE.

ACTE II.

SCÈNE PREMIÈRE.

LE COMTE D'OLBAN, MARIN.

LE COMTE.

Ah! cette nuit est une année entière.
Que le sommeil est loin de ma paupière!
Tout dort ici; Nanine dort en paix;
Un doux repos rafraîchit ses attraits :
Et moi, je vais, je cours; je veux écrire,
Je n'écris rien; vainement je veux lire.
Mon œil troublé voit les mots sans les voir,
Et mon esprit ne les peut concevoir :
Dans chaque mot, le seul nom de Nanine
Est imprimé par une main divine.
Holà! quelqu'un! qu'on vienne. Quoi! mes gens
Sont-ils pas las de dormir si long-temps?
Germon! Marin!

MARIN, *derrière le théâtre.*

J'accours.

LE COMTE.

Quelle paresse!
Eh! venez vite; il fait jour; le temps presse :
Arrivez donc.

MARIN.

Eh! Monseigneur, quel lutin
Vous a sans nous éveillé si matin?

LE COMTE.

L'amour.

MARIN.

Oh! oh! la baronne de l'Orme
Ne permet pas qu'en ce logis on dorme.
Qu'ordonnez-vous!

LE COMTE.

Je veux, mon cher Marin,
Je veux avoir, au plus tard pour demain,
Six chevaux neufs, un nouvel équipage,
Femme de chambre adroite, bonne et sage,
Valet de chambre avec deux grands laquais,
Point libertins, qu'ils soient jeunes, bien faits;
Des diamans, des boucles des plus belles,
Des bijoux d'or, des étoffes nouvelles.
Pars dans l'instant, cours en poste à Paris;
Crève tous les chevaux.

MARIN.

Vous voilà pris :
J'entends; j'entends; madame la baronne
Est la maîtresse aujourd'hui qu'on vous donne;
Vous l'épousez!

LE COMTE.

Quel que soit mon projet,
Vole, et reviens.

MARIN.

Vous serez satisfait.

SCÈNE II.

LE COMTE, GERMON.

LE COMTE.

Quoi! j'aurais donc cette douceur extrême
De rendre heureux, d'honorer ce que j'aime.
Notre baronne avec fureur criera;
Très-volontiers, et tant qu'elle voudra.
Les vains discours, le monde, la baronne,
Rien ne m'émeut, et je ne crains personne;
Aux préjugés c'est trop être soumis :
Il faut les vaincre, ils sont nos ennemis;
Et ceux qui font les esprits raisonnables
Plus vertueux, sont les seuls respectables.
Eh! mais.... quel bruit entends-je dans ma cour?
C'est un carrosse. Oui.... mais.... au point du jour
Qui peut venir?... C'est ma mère, peut-être.
Germon....

GERMON, *arrivant*.

Monsieur.

LE COMTE.

Vois ce que ce peut être.

GERMON.

C'est un carrosse.

LE COMTE.

Et qui? par quel hasard?
Qui vient ici?

GERMON.

L'on ne vient point; l'on part.

LE COMTE.

Comment! on part?

GERMON.
Madame la baronne
Sort tout à l'heure.

LE COMTE.
Oh ! je le lui pardonne ;
Que pour jamais puisse-t-elle sortir !

GERMON.
Avec Nanine elle est prête à partir.

LE COMTE.
Ciel ! que dis-tu ? Nanine ?

GERMON.
La suivante
Le dit tout haut.

LE COMTE.
Quoi donc ?

GERMON.
Votre parente
Part avec elle ; elle va, ce matin,
Mettre Nanine à ce couvent prochain.

LE COMTE.
Courons, volons. Mais quoi ! que fais-je faire ?
Pour leur parler je suis trop en colère :
N'importe : allons. Quand je devrais.... mais non
On verrait trop toute ma passion.
Qu'on ferme tout, qu'on vole, qu'on l'arrête ;
Répondez-moi d'elle sur votre tête :
Amenez-moi Nanine.

(*Germon sort.*)
Ah ! juste Ciel !

On l'enlevait. Quel jour! quel coup mortel!
Qu'ai-je donc fait? pourquoi? par quel caprice?
Par quelle ingrate et cruelle injustice?
Qu'ai-je donc fait, hélas! que l'adorer,
Sans la contraindre, et sans me déclarer,
Sans alarmer sa timide innocence?
Pourquoi me fuir? je m'y perds, plus j'y pense.

SCÈNE III.

LE COMTE, NANINE.

LE COMTE.

Belle Nanine, est-ce vous que je vois?
Quoi! vous voulez vous dérober à moi!
Ah! répondez, expliquez-vous, de grâce.
Vous avez craint, sans doute, la menace
De la baronne; et ces purs sentimens,
Que vos vertus m'inspirent dès long-temps,
Plus que jamais l'auront, sans doute, aigrie.
Vous n'auriez point de vous-même eu l'envie
De nous quitter, d'arracher à ces lieux
Le seul éclat que leur prêtaient vos yeux?
Hier au soir, de pleurs toute trempée,
De ce destin étiez-vous occupée?
Répondez donc. Pourquoi me quittiez-vous?

NANINE.

Vous me voyez tremblante à vos genoux.

LE COMTE, *la relevant.*

Ah! parlez-moi. Je tremble plus encore.

NANINE.

Madame...

LE COMTE.

Eh bien?

NANINE.

Madame, que j'honore,
Pour le couvent n'a point forcé mes vœux.

LE COMTE.

Ce serait vous? qu'entends-je? ah, malheureux!

NANINE.

Je vous l'avoue; oui, je l'ai conjurée
De mettre un frein à mon âme égarée...
Elle voulait, Monsieur, me marier.

LE COMTE.

Elle! à qui donc?

NANINE.

A votre jardinier.

LE COMTE.

Le digne choix!

NANINE.

Et moi, toute honteuse,
Plus qu'on ne croit peut-être malheureuse,
Moi qui repousse avec un vain effort
Des sentimens au-dessus de mon sort,
Que vos bontés avaient trop élevée,
Pour m'en punir, j'en dois être privée.

LE COMTE.

Vous, vous punir? ah! Nanine! et de quoi?

NANINE.

D'avoir osé soulever contre moi

Votre parente, autrefois ma maîtresse.
Je lui déplais; mon seul aspect la blesse :
Elle a raison; et j'ai près d'elle, hélas!
Un tort bien grand... qui ne finira pas.
J'ai craint ce tort; il est peut-être extrême.
J'ai prétendu m'arracher à moi-même,
Et déchirer dans les austérités
Ce cœur trop haut, trop fier de vos bontés,
Venger sur lui sa faute involontaire.
Mais ma douleur, hélas! la plus amère,
En perdant tout, en courant m'éclipser,
En vous fuyant, fut de vous offenser.

LE COMTE, *se détournant et se promenant.*

Quels sentimens! et quelle âme ingénue!
En ma faveur est-elle prévenue?
A-t-elle craint de m'aimer? ô vertu!

NANINE.

Cent fois pardon, si je vous ai déplu :
Mais permettez qu'au fond d'une retraite
J'aille cacher ma douleur inquiète,
M'entretenir en secret à jamais
De mes devoirs, de vous, de vos bienfaits.

LE COMTE.

N'en parlons plus. Écoutez : la baronne
Vous favorise, et noblement vous donne
Un domestique, un rustre pour époux;
Moi, j'en sais un moins indigne de vous :
Il est d'un rang fort au-dessus de Blaise,
Jeune, honnête homme; il est fort à son aise;

Je vous réponds qu'il a des sentimens :
Son caractère est loin des mœurs du temps;
Et je me trompe, ou pour vous j'envisage
Un destin doux, un excellent ménage.
Un tel parti flatte-t-il votre cœur ?
Vaut-il pas bien le couvent?

NANINE.

Non, Monsieur...
Ce nouveau bien que vous daignez me faire,
Je l'avoûrai, ne peut me satisfaire.
Vous pénétrez mon cœur reconnaissant;
Daignez y lire, et voyez ce qu'il sent;
Voyez sur quoi ma retraite se fonde.
Un jardinier, un monarque du monde,
Qui pour époux s'offriraient à mes vœux,
Également me déplairaient tous deux.

LE COMTE.

Vous décidez mon sort. Eh bien, Nanine,
Connaissez donc celui qu'on vous destine :
Vous l'estimez; il est sous votre loi;
Il vous adore; et cet époux... c'est moi.
    (à part.)
L'étonnement, le trouble l'a saisie;
    (à Nanine.)
Ah! parlez-moi : disposez de ma vie;
Ah! reprenez vos sens trop agités.

NANINE.

Qu'ai-je entendu?

LE COMTE.

Ce que vous méritez.

NANINE.

Quoi! vous m'aimez?... Ah! gardez-vous de croire
Que j'ose user d'une telle victoire.
Non, Monsieur, non, je ne souffrirai pas
Qu'ainsi pour moi vous descendiez si bas :
Un tel hymen est toujours trop funeste ;
Le goût se passe, et le repentir reste.
J'ose à vos pieds attester vos aïeux...
Hélas! sur moi ne jetez point les yeux.
Vous avez pris pitié de mon jeune âge ;
Formé par vous, ce cœur est votre ouvrage ;
Il en serait indigne désormais
S'il acceptait le plus grand des bienfaits.
Oui, je vous dois des refus. Oui, mon âme
Doit s'immoler.

LE COMTE.

Non, vous serez ma femme.
Quoi! tout à l'heure ici vous m'assuriez,
Vous l'avez dit, que vous refuseriez
Tout autre époux, fût-ce un prince.

NANINE.

Oui, sans doute,
Et ce n'est pas ce refus qui me coûte.

LE COMTE.

Mais me haïssez-vous ?

NANINE,

Aurais-je fui,
Craindrais-je tant, si vous étiez haï ?

LE COMTE.

Ah! ce mot seul a fait ma destinée.

ACTE II, SCÈNE III.

NANINE.

Eh? que prétendez-vous?

LE COMTE.

Notre hyménée.

NANINE.

Songez....

LE COMTE.

Je songe à tout.

NANINE.

Mais prévoyez....

LE COMTE.

Tout est prévu.

NANINE.

Si vous m'aimez, croyez...

LE COMTE.

Je crois former le bonheur de ma vie.

NANINE.

Vous oubliez...

LE COMTE.

Il n'est rien que j'oublie.
Tout sera prêt, et tout est ordonné...

NANINE.

Quoi! malgré moi votre amour obstiné....

LE COMTE.

Oui, malgré vous, ma flamme impatiente
Va tout presser pour cette heure charmante.
Un seul instant je quitte vos attraits,
Pour que mes yeux n'en soient privés jamais.
Adieu, Nanine, adieu, vous que j'adore.

SCÈNE IV.

NANINE.

Ciel! est-ce un rêve? et puis-je croire encore
Que je parvienne au comble du bonheur?
Non, ce n'est pas l'excès d'un tel honneur,
Tout grand qu'il est, qui me plaît et me frappe;
A mes regards tant de grandeur échappe :
Mais épouser ce mortel généreux,
Lui, cet objet de mes timides vœux,
Lui, que j'avais tant craint d'aimer, que j'aime,
Lui, qui m'élève au-dessus de moi-même;
Je l'aime trop pour pouvoir l'avilir :
Je devrais... Non, je ne puis plus le fuir;
Non... Mon état ne saurait se comprendre.
Moi, l'épouser! quel parti dois-je prendre?
Le Ciel pourra m'éclairer aujourd'hui;
Dans ma faiblesse il m'envoie un appui.
Peut-être même... Allons; il faut écrire,
Il faut... Par où commencer, et que dire?
Quelle surprise! Écrivons promptement,
Avant d'oser prendre un engagement.

(Elle se met à écrire.)

SCÈNE V.

NANINE, BLAISE.

BLAISE.

Ah! la voici. Madame la baronne
En ma faveur vous a parlé, mignonne.

Ouais, elle écrit sans me voir seulement.
NANINE, *écrivant toujours.*
Blaise, bonjour.

BLAISE.

Bonjour est sec, vraiment.

NANINE, *écrivant.*

A chaque mot mon embarras redouble ;
Toute ma lettre est pleine de mon trouble.

BLAISE.

Le grand génie ! elle écrit tout courant ;
Qu'elle a d'esprit ! et que n'en ai-je autant !
Ça, je disais...

NANINE.

Eh bien ?

BLAISE.

Elle m'impose
Par son maintien ; devant elle je n'ose
M'expliquer... là... tout comme je voudrais :
Je suis venu cependant tout exprès.

NANINE.

Cher Blaise, faut me rendre un grand service.

BLAISE.

Oh ! deux plutôt.

NANINE.

Je te fais la justice
De me fier à ta discrétion,
A ton bon cœur.

BLAISE.

Oh ! parlez sans façon :

Car, voyez-vous, Blaise est prêt à tout faire
Pour vous servir; vite, point de mystère.

NANINE.

Tu vas souvent au village prochain,
A Rémival, à droite du chemin?

BLAISE.

Oui.

NANINE.

Pourrais-tu trouver dans ce village
Philippe Hombert?

BLAISE.

Non. Quel est ce visage?
Philippe Hombert? je ne connais pas ça.

NANINE.

Hier au soir je crois qu'il arriva;
Informe-t'en. Tâche de lui remettre,
Mais sans délai, cet argent, cette lettre.

BLAISE.

Oh! de l'argent!

NANINE.

Donne aussi ce paquet:
Monte à cheval pour avoir plus tôt fait;
Pars, et sois sûr de ma reconnaissance.

BLAISE.

J'irais pour vous au fin fond de la France.
Philippe Hombert est un heureux manant;
La bourse est pleine : ah! que d'argent comptant!
Est-ce une dette?

NANINE.

Elle est très-avérée.

Il n'en est point, Blaise, de plus sacrée ;
Écoute : Hombert est peut-être inconnu ;
Peut-être même il n'est pas revenu.
Mon cher ami, tu me rendras ma lettre,
Si tu ne peux en ses mains la remettre.

BLAISE.

Mon cher ami !

NANINE.

Je me fie à ta foi.

BLAISE.

Son cher ami !

NANINE.

Va, j'attends tout de toi.

SCÈNE VI.
LA BARONNE, BLAISE.

BLAISE.

D'où diable vient cet argent ? quel message !
Il nous aurait aidé dans le ménage.
Allons, elle a pour nous de l'amitié ;
Et ça vaut mieux que de l'argent, morgué :
Courons, courons.

(*Il met l'argent et le paquet dans sa poche ; il rencontre la baronne, et la heurte.*)

LA BARONNE.

Eh, le butor !... arrête.
L'étourdi m'a pensé casser la tête.

BLAISE.

Pardon, Madame.

LA BARONNE.

Où vas-tu que tiens-tu?
Que fait Nanine? As-tu rien entendu?
Monsieur le comte est-il bien en colère?
Quel billet est-ce là?

BLAISE.

C'est un mystère.

Peste!...

LA BARONNE.

Voyons.

BLAISE.

Nanine gronderait.

LA BARONNE.

Comment dis-tu? Nanine! elle pourrait
Avoir écrit, te charger d'un message!
Donne, ou je romps soudain ton mariage :
Donne, te dis-je.

BLAISE, *riant.*

Ho, ho.

LA BARONNE.

De quoi ris-tu?

BLAISE, *riant encore.*

Ha, ha.

LA BARONNE.

J'en veux savoir le contenu.

(*Elle décachète la lettre.*)

Il m'intéresse, ou je suis bien trompée

BLAISE, *riant encore.*

Ha, ha, ha, qu'elle est bien attrappée!

ACTE II, SCÈNE VI. 293

Elle n'a là qu'un chiffon de papier ;
Moi, j'ai l'argent, et je m'en vais payer
Philippe Hombert : faut servir sa maîtresse.
Courons.

SCÈNE VII.
LA BARONNE.

Lisons. « Ma joie et ma tendresse
« Sont sans mesure, ainsi que mon bonheur :
« Vous arrivez, quel moment pour mon cœur!
« Quoi! je ne puis vous voir et vous entendre!
« Entre vos bras je ne puis me jeter!
« Je vous conjure au moins de vouloir prendre
« Ces deux paquets; daignez les accepter.
« Sachez qu'on m'offre un sort digne d'envie,
« Et dont il est permis de s'éblouir :
« Mais il n'est rien que je ne sacrifie
« Au seul mortel que mon cœur doit chérir. »
Ouais. Voilà donc le style de Nanine!
Comme elle écrit, l'innocente orpheline!
Comme elle fait parler la passion!
En vérité ce billet est bien bon.
Tout est parfait, je ne me sens pas d'aise.
Ah, ah, rusée, ainsi vous trompiez Blaise!
Vous m'enleviez en secret mon amant.
Vous avez feint d'aller dans un couvent;
Et tout l'argent que le comte vous donne,
C'est pour Philippe Hombert? fort bien, friponne,
J'en suis charmée, et le perfide amour

Du comte Olban méritait bien ce tour.
Je m'en doutais que le cœur de Nanine
Était plus bas que sa basse origine.

SCÈNE VIII.

LE COMTE, LA BARONNE.

LA BARONNE.

Venez, venez, homme à grands sentimens,
Homme au-dessus des préjugés du temps,
Sage amoureux, philosophe sensible,
Vous allez voir un trait assez risible.
Vous connaissez sans doute à Rémival
Monsieur Philippe Hombert, votre rival?

LE COMTE.

Ah! quels discours vous me tenez!

LA BARONNE.

Peut-être
Ce billet-là vous le fera connaître.
Je crois qu'Hombert est un fort beau garçon.

LE COMTE.

Tous vos efforts ne sont plus de saison :
Mon parti pris, je suis inébranlable.
Contentez-vous du tour abominable
Que vous vouliez me jouer ce matin.

LA BARONNE.

Ce nouveau tour est un peu plus malin.
Tenez, lisez. Ceci pourra vous plaire;

ACTE II, SCÈNE VIII.

Vous connaîtrez les mœurs, le caractère
Du digne objet qu'on vous a subjugué.
(*tandis que le comte lit.*)
Tout en lisant il me semble intrigué.
Il a pâli ; l'affaire émeut sa bile....
Eh bien ! Monsieur, que pensez-vous du style ?
Il ne voit rien, ne dit rien, n'entend rien :
Oh ! le pauvre homme ! il le méritait bien.

LE COMTE.

Ai-je bien lu, je demeure stupide.
O tour afreux, sexe ingrat, cœur perfide !

LA BARONNE.

Je le connais, il est né violent ;
Il est prompt, ferme, il va dans un moment
Prendre un parti.

SCÈNE IX.

LE COMTE, LA BARONNE, GERMON.

GERMON.

    Voici dans l'avenue
Madame Olban.

LA BARONNE.

    La vieille est revenue ?

GERMON.

Madame votre mère, entendez-vous,
Est près d'ici, Monsieur.

LA BARONNE.

    Dans son courroux,
Il est devenu sourd. La lettre opère.

NANINE.

GERMON, *criant.*

Monsieur.

LE COMTE.

Plaît-il?

GERMON, *haut.*

Madame votre mère,
Monsieur.

LE COMTE.

Que fait Nanine en ce moment?

GERMON.

Mais.... elle écrit dans son appartement.

LE COMTE, *d'un air froid et sec.*

Allez saisir ses papiers, allez prendre
Ce qu'elle écrit; vous viendrez me le rendre;
Qu'on la renvoie à l'instant.

GERMON.

Qui, Monsieur?

LE COMTE.

Nanine.

GERMON.

Non, je n'aurais pas ce cœur :
Si vous saviez à quel point sa personne
Nous charme tous; comme elle est noble, bonne!

LE COMTE.

Obéissez, ou je vous chasse.

GERMON.

Allons. (*Il sort.*)

SCÈNE X.
LE COMTE, LA BARONNE.

LA BARONNE.

Ah! je respire : enfin nous l'emportons,
Vous devenez un homme raisonnable,
Ah çà, voyez s'il n'est pas véritable
Qu'on tient toujours à son premier état,
Et que les gens dans un certain éclat,
Ont un cœur noble, ainsi que leur personne?
Le sang fait tout, et la naissance donne
Des sentimens à Nanine inconnus.

LE COMTE.

Je n'en crois rien; mais soit, n'en parlons plus :
Réparons tout. Le plus sage, en sa vie,
A quelquefois ses accès de folie :
Chacun s'égare; et le moins imprudent
Est celui-là qui plus tôt se repent.

LA BARONNE.

Oui.

LE COMTE.

Pour jamais, cessez de parler d'elle.

LA BARONNE.

Très-volontiers.

LE COMTE.

Ce sujet de querelle
Doit s'oublier.

LA BARONNE.

Mais vous, de vos sermens
Souvenez-vous.

LE COMTE.

Fort bien. Je vous entends ;
Je les tiendrai.

LA BARONNE.

Ce n'est qu'un prompt hommage
Qui peut ici réparer mon outrage.
Indignement notre hymen différé
Est un affront.

LE COMTE.

Il sera réparé,
Madame ; il faut....

LA BARONNE.

Il ne faut qu'un notaire.

LE COMTE.

Vous savez bien.... que j'attendais ma mère.

LA BARONNE.

Elle est ici.

SCÈNE XI.

LA MARQUISE, LE COMTE, LA BARONNE

LE COMTE, *à sa mère.*

Madame, j'aurais dû....
(*a part.*)   (*à sa mère.*)
Philippe Hombert!.... Vous m'avez prévenu ;
Et mon respect, mon zèle, ma tendresse....
(*à part.*)
Avec cet air innocent, la traîtresse !

LA MARQUISE.

Mais vous extravaguez, mon très-cher fils.

On m'avait dit, en passant par Paris,
Que vous aviez la tête un peu frappée :
Je m'aperçois qu'on ne m'a pas trompée :
Mais ce mal-là....

LE COMTE.

Ciel, que je suis confus !

LA MARQUISE.

Prend-il souvent ?

LE COMTE.

Il ne me prendra plus.

LA MARQUISE.

Çà, je voudrais ici vous parler seule.
(*faisant une petite révérence à la baronne.*)
Bonjour, Madame.

LA BARONNE, *à part.*

Hom ! la vieille bégueule !
Madame, il faut vous laisser le plaisir
D'entretenir monsieur tout à loisir,
Je me retire.

(*Elle sort.*)

SCÈNE XII.

LA MARQUISE, LE COMTE.

LA MARQUISE, *parlant fort vite, et d'un ton de petite vieille babillarde.*

Eh bien ! monsieur le comte,
Vous faites donc à la fin votre compte
De me donner la baronne pour bru ;
C'est sur cela que j'ai vite accouru.

Votre baronne est une acariâtre,
Impertinente, altière, opiniâtre,
Qui n'eut jamais pour moi le moindre égard ;
Qui l'an passé, chez la marquise Agard,
En plein souper me traita de bavarde :
D'y plus souper désormais Dieu me garde !
Bavarde, moi ! Je sais d'ailleurs très-bien
Qu'elle n'a pas, entre nous, tant de bien :
C'est un grand point ; il faut qu'on s'en informe ;
Car on m'a dit que son château de l'Orme
A son mari n'appartient qu'à moitié ;
Qu'un vieux procès, qui n'est pas oublié,
Lui disputait la moitié de la terre :
J'ai su cela de feu votre grand-père :
Il disait vrai, c'était un homme, lui :
On n'en voit plus de sa trempe aujourd'hui.
Paris est plein de ces petits bouts-d'homme,
Vains, fiers, fous, sots, dont le caquet m'assomme,
Parlant de tout avec l'air empressé,
Et se moquant toujours du temps passé.
J'entends parler de nouvelle cuisine,
De nouvaux goûts ; on crève, on se ruine :
Les femmes sont sans frein, et les maris
Sont des benêts. Tout va de pis en pis.
   LE COMTE, *relisant le billet.*
Qui l'aurait cru ? ce trait me désespère.
Eh bien, Germon ?

SCÈNE XIII.

LA MARQUISE, LE COMTE, GERMON.

GERMON.
Voici votre notaire.
LE COMTE.
Oh! qu'il attende.
GERMON.
Et voici le papier
Qu'elle devait, Monsieur, vous envoyer.
LE COMTE, *lisant.*
Donne.... Fort bien bien. Elle m'aime, dit-elle,
Et, par respect, me refuse.... Infidèle!
Tu ne dis pas la raison du refus!
LA MARQUISE.
Ma foi! mon fils a le cerveau perclus :
C'est sa baronne; et l'amour le domine.
LE COMTE, *à Germon.*
M'a-t-on bientôt délivré de Nanine?
GERMON.
Hé! Monsieur, elle a déjà repris
Modestement ses champêtres habits,
Sans dire un mot de plainte et de murmure.
LE COMTE.
Je le crois bien.
GERMON.
Elle a pris cette injure
Tranquillement, lorsque nous pleurons tous.
LE COMTE.
Tranquillement?

LA MARQUISE.
Hem! de qui parlez-vous

GERMON.
Nanine, hélas! Madame, que l'on chasse :
Tout le château pleure de sa disgrâce.

LA MARQUISE.
Vous la chassez? je n'entends point cela.
Quoi! ma Nanine! Allons, rappelez-la.
Qu'a-t-elle fait, ma charmante orpheline?
C'est moi, mon fils, qui vous donnai Nanine.
Je me souviens qu'à l'âge de dix ans
Elle enchantait tout le monde céans.
Notre baronne ici la prit pour elle;
Et je prédis dès lors que cette belle
Serait fort mal; et j'ai très-bien prédit :
Mais j'eus toujours chez vous peu de crédit,
Vous prétendez tout faire à votre tête.
Chasser Nanine est un trait malhonnête.

LE COMTE.
Quoi! seule, à pied, sans secours, sans argent?

GERMON.
Ah! j'oubliais de dire qu'à l'instant
Un vieux bon-homme à vos gens se présente :
Il dit que c'est une affaire importante,
Qu'il ne saurait communiquer qu'à vous;
Il veut, dit-il, se mettre à vos genoux.

LE COMTE.
Dans le chagrin où mon cœur s'abandonne,
Suis-je en état de parler à personne?

LA MARQUISE.

Ah! vous avez du chagrin, je le croi;
Vous m'en donnez aussi beaucoup à moi.
Chasser Nanine, et faire un mariage
Qui me déplaît! non, vous n'êtes pas sage.
Allez; trois mois ne seront pas passés
Que vous serez l'un de l'autre lassés.
Je vous prédis la pareille aventure
Qu'à mon cousin le marquis de Marmure.
Sa femme était aigre comme verjus;
Mais, entre nous, la vôtre l'est bien plus.
En s'épousant, ils crurent qu'ils s'aimèrent;
Deux mois après tous deux se séparèrent :
Madame alla vivre avec un galant,
Fat, petit-maître, escroc, extravagant;
Et Monsieur prit une franche coquette,
Une intrigante et friponne parfaite;
Des soupers fins, la petite maison,
Chevaux, habits, maître-d'hôtel frippon,
Bijoux nouveaux pris à crédit, notaires,
Contrats vendus, et dettes usuraires :
Enfin monsieur et madame, en deux ans,
A l'hôpital allèrent tout d'un temps.
Je me souviens encor d'une autre histoire,
Bien plus tragique, et difficile à croire;
C'était....

LE COMTE.

Ma mère, il faut aller dîner.
Venez.... O Ciel! ai-je pu soupçonner
Pareille horreur!

LA MARQUISE.

Elle est épouvantable.
Allons, je vais la raconter à table;
Et vous pourrez tirer un grand profit
En temps et lieu de tout ce que j'ai dit.

FIN DU SECOND ACTE.

ACTE III.

SCÈNE PREMIÈRE.

NANINE, *vêtue en paysanne*, GERMON.

GERMON.
Nous pleurons tous en vous voyant sortir.
NANINE.
J'ai tardé trop; il est temps de partir.
GERMON.
Quoi! pour jamais, et dans cet équipage?
NANINE.
L'obscurité fut mon premier partage.
GERMON.
Quel changement! Quoi! du matin au soir....
Souffrir n'est rien; c'est tout que de déchoir
NANINE.
Il est des maux mille fois plus sensibles.
GERMON.
J'admire encor des regrets si paisibles.
Certes, mon maître est bien mal avisé;
Notre baronne a sans doute abusé
De son pouvoir, et vous a fait cet outrage :
Jamais monsieur n'aurait eu ce courage.

NANINE.

Je lui dois tout; il me chasse aujourd'hui;
Obéissons. Ses bienfaits sont à lui;
Il peut user du droit de les reprendre.

GERMON.

A ce trait-là qui diable eût pu s'attendre?
En cet état qu'allez-vous devenir?

NANINE.

Me retirer, long-temps me repentir.

GERMON.

Que nous allons haïr notre baronne!

NANINE.

Mes maux sont grands, mais je les lui pardonne.

GERMON.

Mais que dirai-je au moins de votre part
A notre maître, après votre départ?

NANINE.

Vous lui direz que je le remercie
Qu'il m'ait rendue à ma première vie,
Et qu'à jamais sensible à ses bontés
Je n'oublirai.... rien.... que ses cruautés.

GERMON.

Vous me fendez le cœur, et tout à l'heure
Je quitterais pour vous cette demeure;
J'irais partout avec vous m'établir:
Mais monsieur Blaise a su nous prévenir;
Qu'il est heureux! avec vous il va vivre:
Chacun voudrait l'imiter, et vous suivre.

NANINE.
On est bien loin de me suivre.... Ah! Germon!
Je suis chassée.... et par qui!...

GERMON.
Le démon
A mis du sien dans cette brouillerie :
Nous vous perdons.... et monsieur se marie.

NANINE.
Il se marie!.... Ah! partons de ce lieu;
Il fut pour moi trop dangereux.... Adieu....
(*Elle sort.*)

GERMON.
Monsieur le comte a l'âme un peu bien dure :
Comment chasser pareille créature !
Elle paraît une fille de bien :
Mais il ne faut pourtant jurer de rien.

SCÈNE II.

LE COMTE, GERMON.

LE COMTE.
Eh bien! Nanine est donc enfin partie?

GERMON.
Oui, c'en est fait.

LE COMTE.
J'en ai l'âme ravie.

GERMON.
Votre âme est donc de fer.

LE COMTE.

Dans le chemin
Philippe Hombert lui donnait-il la main?

GERMON.

Qui! quel Philippe Hombert? Hélas! Nanine,
Sans écuyer, fort tristement chemine,
Et de ma main ne veut pas seulement.

LE COMTE.

Où donc va-t-elle?

GERMON.

Où? mais apparemment
Chez ses amis.

LE COMTE.

A Rémival, sans doute?

GERMON.

Oui, je crois bien qu'elle prend cette route.

LE COMTE.

Va la conduire à ce couvent voisin,
Où la baronne allait dès ce matin :
Mon dessein est qu'on la mette sur l'heure
Dans cette utile et décente demeure;
Ces cent louis la feront recevoir
Va.... garde-toi de laisser entrevoir
Que c'est un don que je veux bien lui faire,
Dis-lui que c'est un présent de ma mère;
Je te défends de prononcer mon nom.

GERMON.

Fort bien; je vais vous obéir.

(*Il fait quelques pas.*)

ACTE III, SCÈNE II.

LE COMTE.

Germon,
A son départ tu dis que tu l'as vue?

GERMON.

Eh, oui, vous dis-je.

LE COMTE.

Elle était abattue?
Elle pleurait?

GERMON.

Elle faisait bien mieux,
Ses pleurs coulaient à peine de ses yeux;
Elle voulait ne pas pleurer.

LE COMTE.

A-t-elle
Dit quelque mot qui marque, qui décèle
Ses sentimens? as-tu remarqué....

GERMON.

Quoi?

LE COMTE.

A-t-elle enfin, Germon, parlé de moi?

GERMON.

Oh, oui, beaucoup.

LE COMTE.

Eh bien! dis-moi donc traître!
Qu'a-t-elle dit?

GERMON.

Que vous êtes son maître,
Que vous avez des vertus, des bontés....
Qu'elle oubliera tout.... hors vos cruautés.

LE COMTE.

Va.... mais surtout garde qu'elle revienne.
       (*Germon sort*)
Germon!

GERMON.

 Monsieur.

LE COMTE.

    Un mot; qu'il te souvienne,
Si par hasard, quand tu la conduiras,
Certain Hombert venait suivre ses pas,
De le chasser de la belle manière.

GERMON.

Oui, poliment à grands coups d'étrivière :
Comptez sur moi; je sers fidèlement.
Le jeune Hombert, dites-vous?

LE COMTE.

      Justement.

GERMON.

Bon! je n'ai pas l'honneur de le connaître;
Mais le premier que je verrai paraître
Sera rossé de la bonne façon;
Et puis après il me dira son nom.
   (*Il fait un pas et revient.*)
Ce jeune Hombert est quelque amant je gage,
Un beau garçon, le coq de son village.
Laissez-moi faire.

LE COMTE.

 Obéis promptement.

GERMON.

Je me doutais qu'elle avait quelque amant;

Et Blaise aussi lui tient au cœur peut-être.
On aime mieux son égal que son maître.

LE COMTE.

Ah! cours, te dis-je.

SCÈNE III.

LE COMTE.

Hélas! il a raison;
Il prononçait ma condamnation;
Et moi, du coup qui m'a pénétré l'âme
Je me punis; la baronne est ma femme :
Il le faut bien, le sort en est jeté.
Je souffrirai, je l'ai bien mérité.
Ce mariage est au moins convenable.
Notre baronne a l'humeur peu traitable;
Mais, quand on veut, on sait donner la loi.
Un esprit ferme est le maître chez soi.

SCÈNE IV.

LE COMTE, LA BARONNE, LA MARQUISE.

LA MARQUISE.

Or çà, mon fils, vous épousez madame?

LE COMTE.

Eh! oui.

LA MARQUISE.

Ce soir elle est donc votre femme?
Elle est ma bru?

LA BARONNE.

Si vous le trouvez bon

J'aurai, je crois, votre approbation.
LA MARQUISE.
Allons, allons, il faut bien y souscrire ;
Mais dès demain chez moi je me retire.
LE COMTE.
Vous retirer ! eh ! ma mère pourquoi ?
LA MARQUISE.
J'emmenerai ma Nanine avec moi.
Vous la chassez, et moi je la marie ;
Je fais la noce en mon château de Bric ;
Et je la donne au jeune sénéchal,
Propre neveu du procureur fiscal,
Jean Roch Souci ; c'est lui de qui le père
Eut à Corbeil cette plaisante affaire.
De cet enfant je ne puis me passer ;
C'est un bijou que je veux enchâsser.
Je vais la marier.... Adieu.
LE COMTE,
Ma mère,
Ne soyez pas contre nous en colère ;
Laissez Nanine aller dans le couvent ;
Ne changez rien à notre arrangement.
LA BARONNE.
Oui, croyez-nous, Madame, une famille
Ne se doit point charger de telle fille.
LA MARQUISE.
Comment ? quoi donc ?
LA BARONNE.
Peu de chose.

ACTE III, SCÈNE IV.

LA MARQUISE.

Mais....

LA BARONNE.

Rien.

LA MARQUISE.

Rien, c'est beaucoup. J'entends, j'entends fort bien.
Aurait-elle eu quelque tendre folie?
Cela se peut, car elle est si jolie!
Je m'y connais; on tente, on est tenté :
Le cœur a bien de la fragilité;
Les filles sont toujours un peu coquettes :
Le mal n'est pas si grand que vous le faites.
Çà contez-moi sans nul déguisement
Tout ce qu'a fait notre charmante enfant.

LE COMTE.

Moi, vous conter?

LA MARQUISE.

Vous avez bien la mine
D'avoir au fond quelque goût pour Nanine;
Et vous pourriez....

SCÈNE V.

LE COMTE, LA MARQUISE, LA BARONNE, MARIN, *en bottes.*

MARIN.

Enfin tout est bâclé,
Tout est fini.

LA MARQUISE.

Quoi?

4. — Chefs-d'œuvre de Volt. (Supplément.) 21.

LA BARONNE.

Qu'est-ce ?

MARIN.

J'ai parlé
A nos marchands ; j'ai bien fait mon message ;
Et vous aurez demain tout l'équipage.

LA BARONNE.

Quel équipage ?

MARIN.

Oui, ce que pour vous
A commandé votre futur époux ;
Six beaux chevaux : et vous serez contente
De la berline ; elle est bonne et brillante ;
Tous les panneaux par Martin sont vernis ·
Les diamans sont beaux, très-bien choisis ;
Et vous verrez des étoffes nouvelles
D'un goût charmant... Oh ! rien n'approche d'elles.

LA BARONNE, *au comte.*

Vous avez donc commandé tout cela ?

LE COMTE, *à part.*

Oui.... mais pour qui ?

MARIN.

Le tout arrivera
Demain matin dans ce nouveau carrosse,
Et sera prêt le soir pour votre noce.
Vive Paris pour avoir sur-le-champ
Tout ce qu'on veut quand on a de l'argent !
En revenant, j'ai revu le notaire,
Tout près d'ici griffonnant votre affaire.

LA BARONNE.

Ce mariage a traîné bien long-temps.
LA MARQUISE, *à part.*
Ah ! je voudrais qu'il traînât quarante ans.
MARIN.

Dans ce salon j'ai trouvé tout à l'heure
Un bon vieillard, qui gémit et qui pleure;
Depuis long-temps il voudrait vous parler.
LA BARONNE.

Quel importun! qu'on le fasse en aller;
Il prend trop mal son temps.
LA MARQUISE.

      Pourquoi, Madame?
Mon fils, ayez un peu de bonté d'âme,
Et, croyez-moi, c'est un mal des plus grands
De rebuter ainsi les pauvres gens :
Je vous ai dit cent fois dans votre enfance
Qu'il faut pour eux avoir de l'indulgence,
Les écouter d'un air affable et doux.
Ne sont-ils pas hommes tout comme nous?
On ne sait pas à qui l'on fait injure;
On se repent d'avoir eu l'âme dure.
Les orgueilleux ne prospèrent jamais.
  (*à Marin.*)
Allez chercher ce bonhomme.
MARIN.
      J'y vais.
      (*Il sort*)

LE COMTE.

Pardon, ma mère; il a fallu vous rendre
Mes premiers soins; et je suis prêt d'entendre
Cet homme-là malgré mon embarras.

SCÈNE VI.

LE COMTE, LA MARQUISE, LA BARONNE, LE PAYSAN.

LA MARQUISE, *au paysan.*

Approchez-vous, parlez, ne tremblez pas.

LE PAYSAN.

Ah! Monseigneur! écoutez-moi de grâce :
Je suis.... Je tombe à vos pieds, que j'embrasse;
Je viens vous rendre....

LE COMTE.

Ami, relevez-vous;
Je ne veux point qu'on me parle à genoux;
D'un tel orgueil je suis trop incapable.
Vous avez l'air d'être un homme estimable.
Dans ma maison cherchez-vous de l'emploi?
A qui parlé-je?

LA MARQUISE.

Allons, rassure-toi.

LE PAYSAN.

Je suis, hélas! le père de Nanine.

LE COMTE.

Vous?

ACTE III, SCÈNE VI.

LA BARONNE.
Ta fille est une grande coquine.
LE PAYSAN.
Ah! Monseigneur, voilà ce que j'ai craint ;
Voilà le coup dont mon cœur est atteint :
J'ai bien pensé qu'une somme si forte
N'appartient pas à des gens de sa sorte ;
Et les petits perdent bientôt les mœurs,
Et sont gâtés auprès des grands seigneurs.
LA BARONNE.
Il a raison : mais il trompe, et Nanine
N'est point sa fille ; elle était orpheline.
LE PAYSAN.
Il est trop vrai : chez de pauvres parens
Je la laissai dès ses plus jeunes ans ;
Ayant perdu mon bien avec sa mère,
J'allai servir, forcé par la misère,
Ne voulant pas dans mon funeste état,
Qu'elle passât pour fille d'un soldat,
Lui défendant de me nommer son père.
LA MARQUISE.
Pourquoi cela? pour moi, je considère
Les bons soldats ; on a grand besoin d'eux.
LE COMTE.
Qu'a ce métier, s'il vous plaît, de honteux ?
LE PAYSAN.
Il est bien moins honoré qu'honorable.
LE COMTE.
Ce préjugé fut toujours condamnable.

J'estime mieux un vertueux soldat,
Qui de son sang sert son prince et l'état,
Qu'un important, que sa lâche industrie
Engraisse en paix du sang de la patrie.

LA MARQUISE.

Çà, vous avez vu beaucoup de combats;
Contez-les-moi bien tous, n'y manquez pas.

LE PAYSAN.

Dans la douleur, hélas! qui me déchire,
Permettez-moi seulement de vous dire
Qu'on me promit cent fois de m'avancer :
Mais sans appui comment peut-on percer?
Toujours jeté dans la foule commune,
Mais distingué, l'honneur fut ma fortune.

LA MARQUISE.

Vous êtes donc né de condition?

LA BARONNE.

Fi! quelle idée!

LE PAYSAN, *à la marquise.*

Hélas! Madame, non;
Mais je suis né d'une honnête famille :
Je méritais peut-être une autre fille.

LA MARQUISE.

Que vouliez-vous de mieux?

LE COMTE.

Eh! poursuivez.

LA MARQUISE.

Mieux que Nanine?

ACTE III, SCÈNE VI.

LE COMTE.

Ah! de grâce, achevez.

LE PAYSAN.

J'appris qu'ici ma fille fut nourrie,
Qu'elle y vivait bien traitée et chérie,
Heureux alors, et bénissant le Ciel,
Vous, vos bontés, votre soin paternel,
Je suis venu dans le prochain village,
Mais plein de trouble et craignant son jeune âge,
Tremblant encor, lorsque j'ai tout perdu,
De retrouver le bien qui m'est rendu.

(montrant la baronne.)

Je viens d'entendre, au discours de Madame,
Que j'eus raison : elle m'a percé l'âme;
Je vois fort bien que ces cent louis d'or,
Des diamans, sont un trop grand trésor
Pour les tenir par un droit légitime;
Elle ne peut les avoir eus sans crime.
Ce seul soupçon me fait frémir d'horreur,
Et j'en mourrai de honte et de douleur.
Je suis venu soudain pour vous les rendre :
Ils sont à vous; vous devez les reprendre,
Et si ma fille est criminelle, hélas!
Punissez-moi, mais ne la perdez pas.

LA MARQUISE.

Ah, mon cher fils! je suis tout attendrie.

LA BARONNE.

Ouais, est-ce un songe? est-ce une fourberie?

LE COMTE.

Ah! qu'ai-je fait?

LE PAYSAN.
(*Il tire la bourse et le paquet.*)
Tenez, Monsieur, tenez.

LE COMTE.
Moi, les reprendre! ils ont été donnés;
Elle en a fait un respectable usage.
C'est donc à vous qu'on a fait le message?
Qui l'a porté?

LE PAYSAN.
C'est votre jardinier,
A qui Nanine osa se confier.

LE COMTE.
Quoi! c'est à vous que le présent s'adresse?

LE PAYSAN.
Oui, je l'avoue.

LE COMTE.
O douleur! ô tendresse!
Des deux côtés quel excès de vertu!
Et votre nom? Je demeure éperdu.

LA MARQUISE.
Eh! dites donc votre nom? Quel mystère!

LE PAYSAN.
Philippe Hombert de Gatine.

LE COMTE.
Ah! mon père!

LA BARONNE.
Que dit-il là?

LE COMTE.
Quel jour vient m'éclairer!
J'ai fait un crime, il le faut réparer.

ACTE III, SCÈNE VI.

Si vous saviez combien je suis coupable !
J'ai maltraité la vertu respectable.

(*Il va lui-même à un de ses gens.*)

Holà, courez.

LA BARONNE.

Eh, quel empressement ?

LE COMTE.

Vite un carrosse.

LA MARQUISE.

Oui, Madame, à l'instant :
Vous devriez être sa protectrice.
Quand on a fait une telle injustice,
Sachez de moi que l'on ne doit rougir
Que de ne pas assez se repentir.
Monsieur mon fils a souvent des lubies,
Que l'on prendrait pour de franches folies :
Mais dans le fond c'est un cœur généreux ;
Il est né bon, j'en fais ce que je veux.
Vous n'êtes pas, ma bru, si bienfaisante ;
Il s'en faut bien.

LA BARONNE.

Que tout m'impatiente !
Qu'il a l'air sombre, embarrassé, rêveur :
Quel sentiment étrange est dans son cœur ?
Voyez, Monsieur, ce que vous voulez faire.

LA MARQUISE.

Oui, pour Nanine.

LA BARONNE.

On peut la satisfaire

Par des présens.

LA MARQUISE.

C'est le moindre devoir.

LA BARONNE.

Mais moi, jamais je ne veux la revoir;
Que du château jamais elle n'approche,
Entendez-vous?

LE COMTE.

J'entends.

LA MARQUISE.

Quel cœur de roche!

LA BARONNE.

De mes soupçons évitez les éclats.
Vous hésitez?

LE COMTE, *après un silence.*

Non, je n'hésite pas.

LA BARONNE.

Je dois m'attendre à cette déférence;
Vous la devez à tous les deux, je pense.

LA MARQUISE.

Seriez-vous bien assez cruel, mon fils?

LA BARONNE.

Quel parti prendrez-vous?

LE COMTE.

Il est tout pris.
Vous connaissez mon âme et sa franchise :
Il faut parler. Ma main vous fut promise;
Mais nous n'avions voulu former ces nœuds
Que pour finir un procès dangereux :

Je le termine ; et, dès l'instant je donne,
Sans nul regret, sans détour j'abandonne
Mes droits entiers et mes prétentions
Dont il naquit tant de divisions :
Que l'intérêt encor vous en revienne :
Tout est à vous ; jouissez-en sans peine.
Que la raison fasse du moins de nous
Deux bons parens, ne pouvant être époux.
Oublions tout ; que rien ne nous aigrisse :
Pour n'aimer pas faut-il qu'on se haïsse ?

LA BARONNE.

Je m'attendais à ton manque de foi.
Va, je renonce à tes présens, à toi.
Traître ! je vois avec qui tu vas vivre,
A quel mépris ta passion te livre.
Sers noblement sous les plus viles lois ;
Je t'abandonne à ton indigne choix.

(*Elle sort.*)

SCÈNE VII.

LE COMTE, LA MARQUISE, PHILIPPE HOMBERT.

LE COMTE.

Non, il n'est point indigne ; non, Madame,
Un fol amour n'aveugla point mon âme :
Cette vertu, qu'il faut récompenser,
Doit m'attendrir, et ne peut m'abaisser.
Dans ce vieillard ce qu'on nomme bassesse
Fait son mérite et voilà sa noblesse.

La mienne à moi, c'est d'en payer le prix.
C'est pour des cœurs par eux-même ennoblis,
Et distingués par ce grand caractère,
Qu'il faut passer sur la règle ordinaire :
Et leur naissance, avec tant de vertus,
Dans ma maison n'est qu'un titre de plus.

LA MARQUISE.

Quoi donc? quel titre? et que voulez-vous dire?

SCÈNE VIII.

LE COMTE, LA MARQUISE, NANINE, PHILIPPE HOMBERT.

LE COMTE, *à sa mère.*

Son seul aspect devrait vous en instruire.

LA MARQUISE.

Embrasse-moi cent fois, ma chère enfant.
Elle est vêtue un peu mesquinement ;
Mais qu'elle est belle ! et comme elle a l'air sage !

NANINE.

(*courant entre les bras de Philippe Hombert, après s'être baissée devant la marquise.*)

Ah ! la nature a mon premier hommage.
Mon père !

PHILIPPE HOMBERT.

O Ciel ! ô ma fille ! ah, Monsieur !
Vous réparez quarante ans de malheur.

LE COMTE.

Oui ; mais comment faut-il que je répare

ACTE III, SCÈNE VIII.

L'indigne affront qu'un mérite si rare
Dans ma maison put de moi recevoir?
Sous quel habit revient-elle nous voir!
Il est trop vil; mais elle le décore.
Non, il n'est rien que sa vertu n'honore.
Eh bien! parlez : auriez-vous la bonté
De pardonner à tant de dureté?

NANINE.

Que me demandez-vous? Ah! je m'étonne
Que vous doutiez si mon cœur vous pardonne.
Je n'ai pas cru que vous puisssiez jamais
Avoir eu tort après tant de bienfaits.

LE COMTE.

Si vous avez oublié cet outrage,
Donnez-m'en donc le plus sûr témoignage :
Je ne veux plus commander qu'une fois;
Mais jurez-moi d'obéir à mes lois.

PHILIPPE HOMBERT.

Elle le doit, et sa reconnaissance....

NANINE, *à son père.*

Il est bien sûr de mon obéissance.

LE COMTE.

J'ose y compter. Oui, je vous avertis
Que vos devoirs ne sont pas tous remplis.
Je vous ai vue aux genoux de ma mère;
Je vous ai vue embrasser votre père;
Ce qui vous reste en des momens si doux....
C'est... à leurs yeux... d'embrasser... votre époux.

NANINE.

Moi!

LA MARQUISE.

Quelle idée! est-il bien vrai?

PHILIPPE HOMBERT.

Ma fille!

LE COMTE, *à sa mère.*

Le daignez-vous permettre?

LA MARQUISE.

La famille
Étrangement, mon fils, clabaudera.

LE COMTE.

En la voyant, elle l'approuvera.

PHILIPPE HOMBERT.

Quel coup du sort! Non, je ne puis comprendre
Que jusque-là vous prétendiez descendre.

LE COMTE.

On m'a promis d'obéir.... je le veux.

LA MARQUISE.

Mon fils....

LE COMTE.

Ma mère, il s'agit d'être heureux.
L'intérêt seul a fait cent mariages.
Nous avons vu les hommes les plus sages
Ne consulter que les mœurs et le bien :
Elle a les mœurs, il ne lui manque rien;
Et je ferai par goût et par justice
Ce qu'on a fait cent fois par avarice.
Ma mère, enfin, terminez ces combats,
Et consentez.

NANINE.

Non, n'y consentez-pas;

ACTE III, SCÈNE VIII.

Opposez-vous à sa flamme.... à la mienne ;
Voilà de vous ce qu'il faut que j'obtienne.
L'amour l'aveugle ; il le faut éclairer.
Ah ! loin de lui, laissez-moi l'adorer.
Voyez mon sort, voyez ce qu'est mon père :
Puis-je jamais vous appeler ma mère ?

LA MARQUISE.

Oui, tu le peux, tu le dois ; c'en est fait :
Je ne tiens pas contre ce dernier trait ;
Il nous dit trop combien il faut qu'on t'aime ;
Il est unique aussi bien que toi-même.

NANINE.

J'obéis donc à votre ordre, à l'amour ;
Mon cœur ne peut résister.

LA MARQUISE.

                    Que ce jour
Soit des vertus la digne récompense,
Mais sans tirer jamais à conséquence.

FIN DE NANINE.

www.ingramcontent.com/pod-product-compliance
Lightning Source LLC
Chambersburg PA
CBHW060642170426
43199CB00012B/1641